沼田拓弥［著］

立体型板書でつくる国語の授業 文学

東洋館出版社

5 問答・変容型

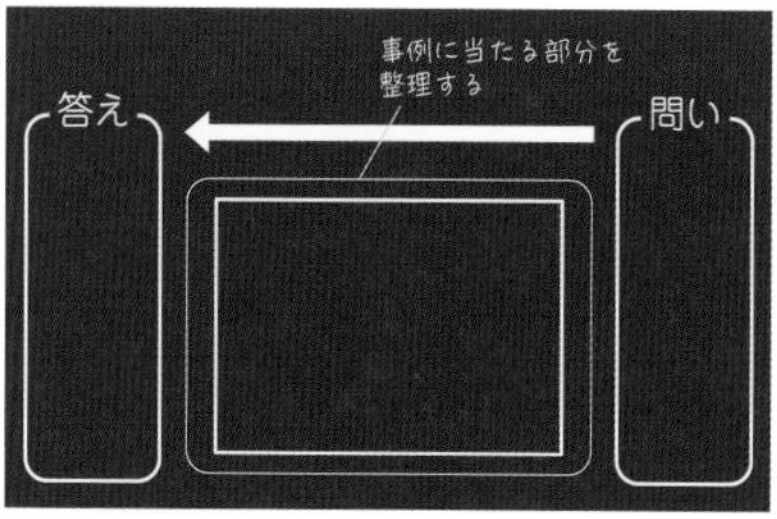

➩ **関連付け**

文章の最初と最後のポイントを押さえて、論理的に文章を読む力を育てる

6 人物相関図型

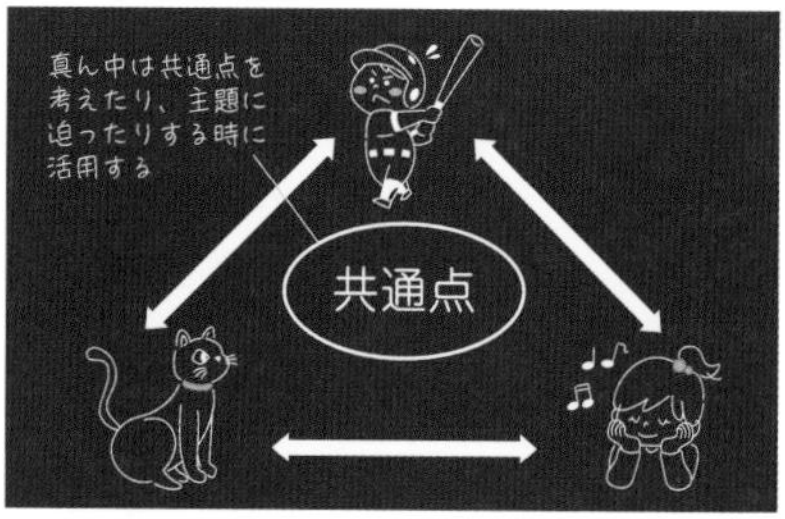

➩ **関連付け**

人物のつながりを可視化し、文章全体をおおまかに捉える力を育てる

7 スケーリング型

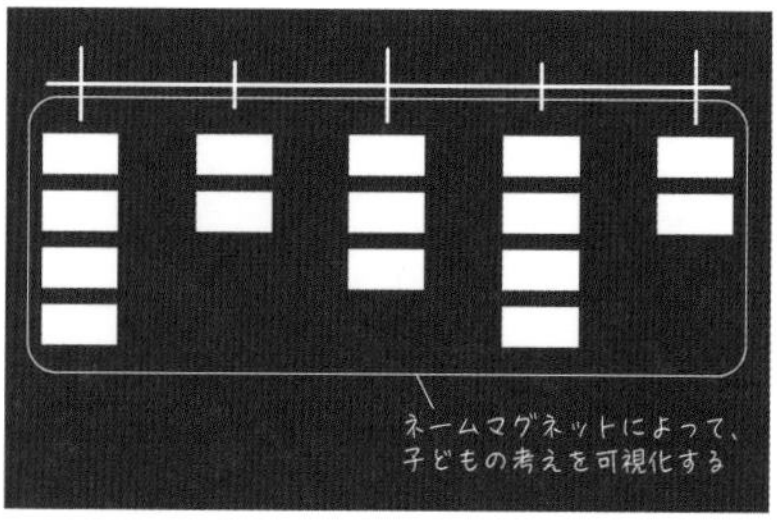

➩ **関連付け**

多様な解釈における共通性を見つける力を育てる

8 移動型

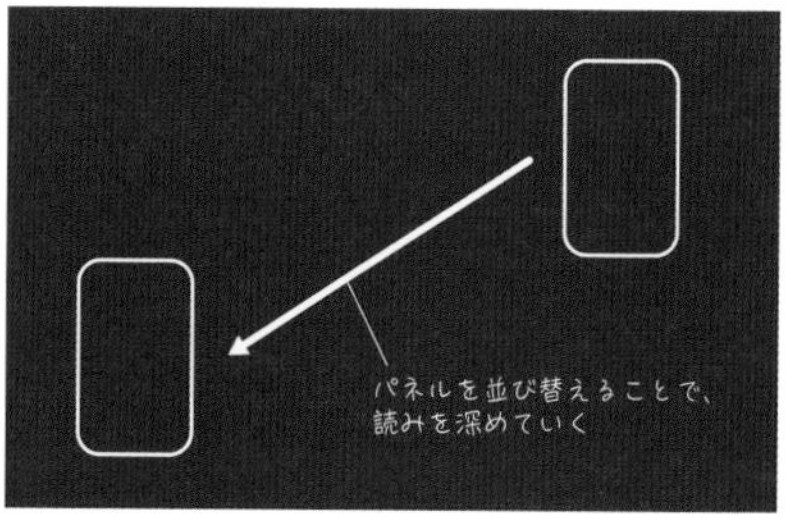

➩ **関連付け**

新たな視点で物事を見つめ、事柄を関連付けて考える力を育てる

9 穴埋め型

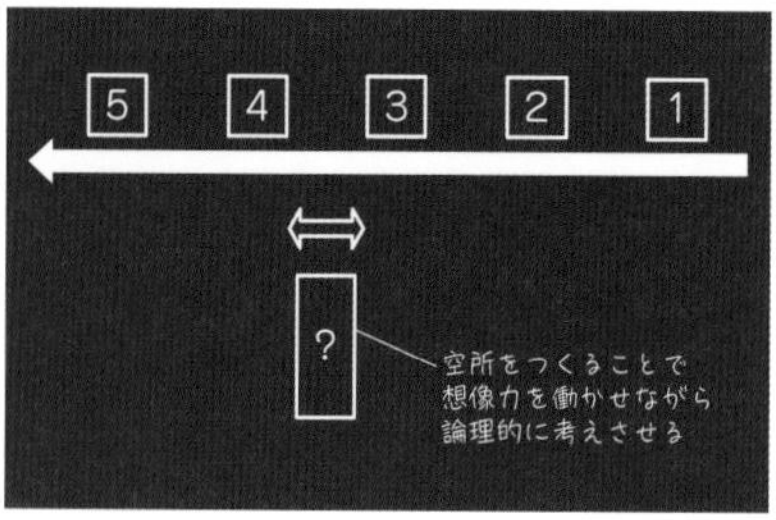

➩ **類　推**

書かれていないことを類推させ、論理的に考える力を育てる

10 循環型

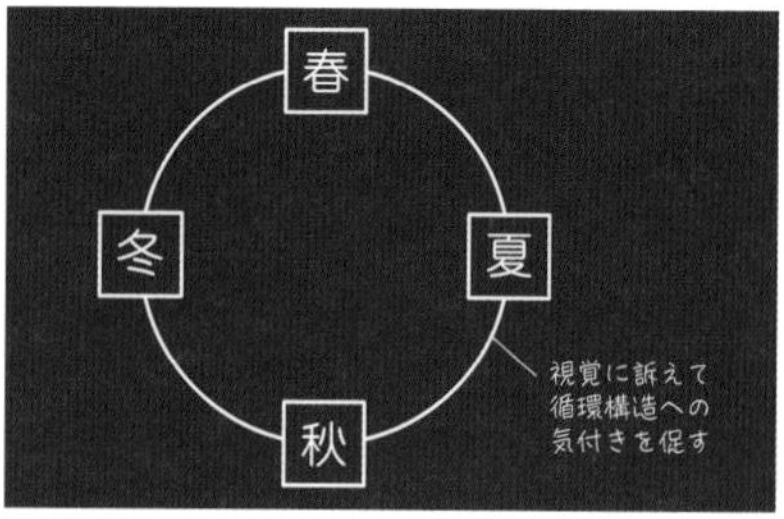

➩ **類　推**

物事のつながりを発見することで、類推しながら考える力を育てる

「立体型板書」
―10のバリエーション―

「立体型板書」は、論理的思考ツールとしての機能を重視した構造的な板書のことを指します。「立体型板書」は、**「比較・分類」「関連付け」「類推」**の３つの論理的思考力を引き出し、子どもの「思考プロセス」の可視化を重視しています。

ここでは、基本となる10のバリエーションを確認しておきましょう。

1 類別型

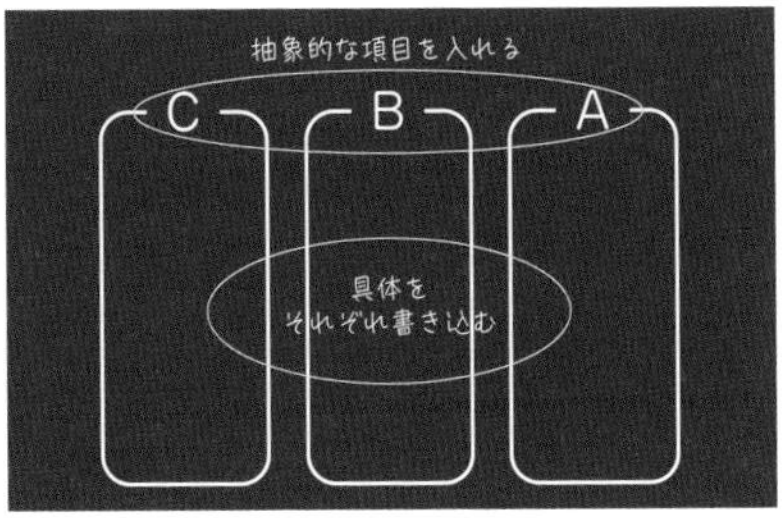

比較・分類

「具体⇔抽象」の関係を思考する力を育てる

2 対比型

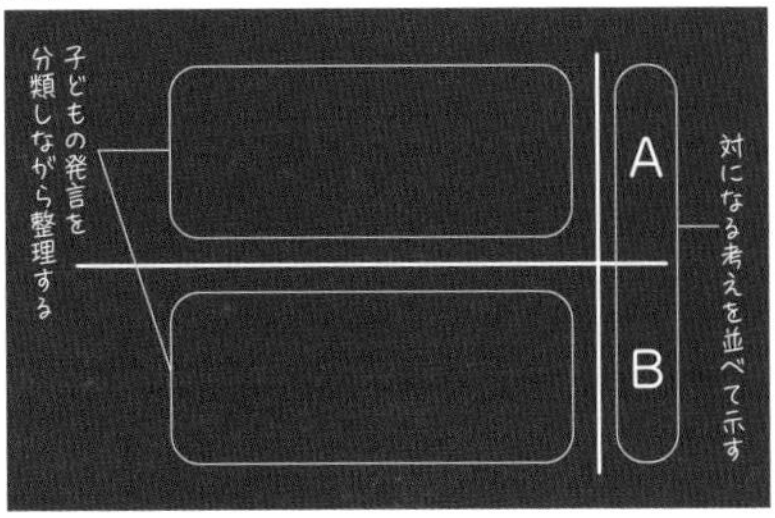

比較・分類

情報を比べた上で、関連付けて考える力を育てる

3 ベン図型

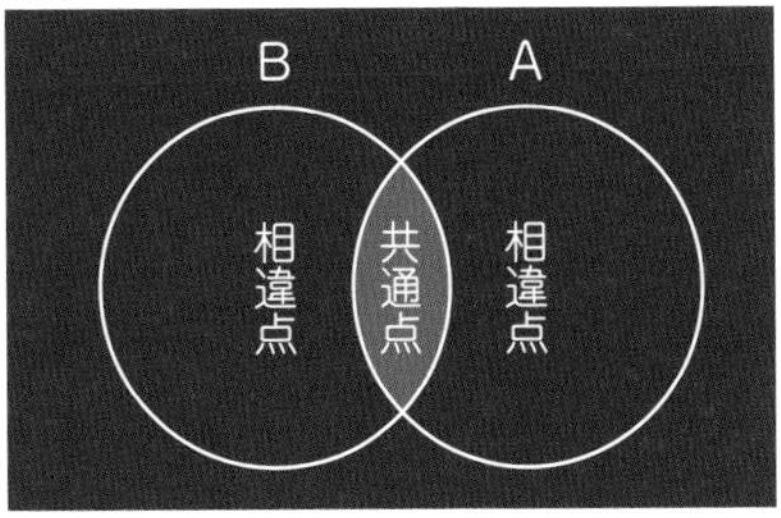

関連付け

相違点だけでなく共通点も見つける力を育てる

4 構造埋め込み型

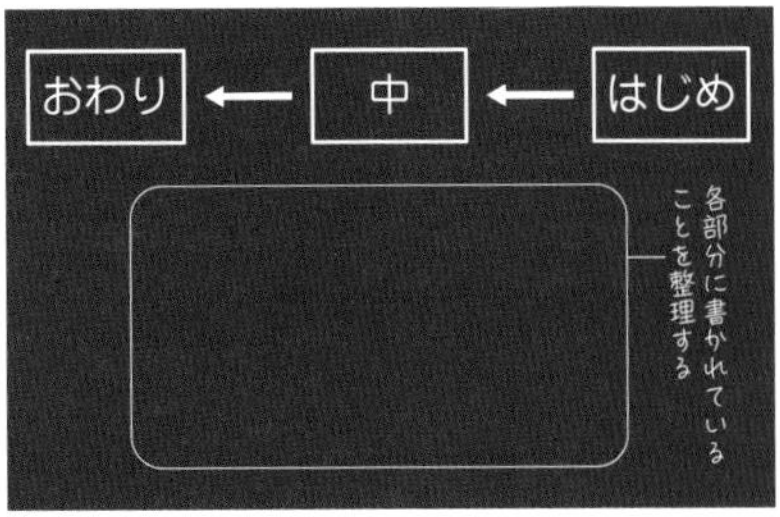

関連付け

学習内容と構造を結び付けながら考える力を育てる

まえがき

「この本を手に取ってくださった読者の先生方と一緒に教材研究をしながら、『立体型板書』の国語授業づくりができる一冊を創りたい。」

これが、この本に込めた私の一番の思いです。

みなさんは、国語の授業づくりでは、どんなところに悩みを抱えていますか。私自身、新しい単元の構想を練る度に、「どうすれば目の前の子どもたち一人ひとりの言葉の力を育むことができるかな」と頭を悩ませています。子どもたちの成長の鍵を握っているのは、我々教師です。国語の授業を通して、子どもたちの「言葉の宝箱」の鍵を開くのです。自分のもっている宝物を発見した子どもたちは、一人ひとりが力強い文章の読み手として前へ進んで行きます。こんな子どもたちの生き生きとした姿をイメージしながら、私は日々の授業づくりに取り組んでいます。

では、どうすればこのような授業を形にすることができるのでしょうか。

前作『「立体型板書」の国語授業』では、「立体型板書」の概要を示しました。これまでの授業実践を10のバリエーションに整理したことで、子どもたちの思考プロセスを可視化するための授業フレームを提案することができました。しかし、紙幅の関係上、どうしても細かな授業づくりの観点や手順までは示すことができませんでした。そこで、今回はより丁寧に各学年の教材の特性を明らかにした上で、読者の皆様と一緒に「国語授業づくり」に取り組むことのできる一冊を創りたいと願い、筆を執りました。

したがって、本書は、普段私の頭の中で行われている教材研究、そして授業づくりの思考プロセスをオープンにした一冊でもあります。「立体型板書」を用いた国語授業のおもしろさを少しでも実感していただければ幸いです。

第1章では、「立体型板書」の国語授業づくりのプロセスと勘所を丁寧に解説しました。文章から私がどのような手順で国語授業を組み立てているのか、そして、「子ども観」「教材観」「授業観」「指導観」「人生観」を感じ取っていただけたらと思います。

第2章は、渾身の力を込めた授業実践を掲載しました。令和二年度の教科書から収録されている新教材を含めた全20本の授業実践例を通して、一緒に教材研究、授業づくりに取り組みましょう。ぜひ、この本の向こう側にいる私と「なるほど！　それはおもしろい！」「いや、その解釈はちょっと違うと思うな」等と対話しながらお読みいただけたら嬉しいです。

さあ、子どもたちが伸び伸びと学び合う

「立体型板書」の国語授業づくりを一緒に始めましょう！

沼田拓弥

もくじ

●「立体型板書」でつくる国語の授業 文学

第2章　授業の実際

第1章

「立体型板書」でつくる国語の授業

1 一緒に「立体型板書」の国語授業づくりを始めましょう！

1 「立体型板書」が国語の授業を変えた！

「『立体型板書』の授業で子どもたちの学びの姿が変わりました！」

ありがたいことに、前作『「立体型板書」の国語授業』をお読みいただき、実践に取り組まれた多くの先生方から嬉しいお言葉を頂戴しています。**従来の「羅列型板書」の国語授業から脱却し、未来志向の「立体型板書」の国語授業へ**と意識を高めたことで子どもたちの学びの姿勢に変化が生まれています。

「立体型板書」の国語授業とは、恩師・長崎伸仁先生の教えを基に板書のバリエーションを10種類に整理したものです（巻頭資料「『立体型板書』10のバリエーション」参照）。これまでの国語授業における板書は、右から左へと時系列に沿って子どもたちの発言が羅列されるだけの「羅列型板書」が多く、「思考の活性化が十分に行われていないのではないか」と課題を感じていました。一方、「立体型板書」では、基本となる10のバリエーションを型として、**三つの論理的思考力（「比較・分類」「関連付け」「類推」）**を引き出します。また、子どもたちの**「思考プロセス」の可視化**を重視しています。子どもたちの思考は、ただ発言を羅列するだけの「羅列型板書」ではなかなか活性化しません。板書という学習ツールを上手に活用することで、多くの気付きを生み出し、言葉の力を伸ばすことができます。その一つの方法が「立体型板書」を用いた国語授業です。

「立体型板書」の国語授業づくりについて述べる前に、まず確認しておきたいことがあります。それは、**「板書の目的とは何か」**ということです。「板書が苦手でうまくまとまらない」という声をよく耳にします。板書の目的とは「うまくまとめること」なのでしょうか。板書は「うまくまとめよう」とする意識が強すぎると泥沼にはまってしまいます。そうではなくて**「つなげよう」という意識**の方が大切です。まずは、子どもたちの発言を丁寧に**価値付けること**。次に、板書の言葉を矢印や吹き出しでつなげることで**思考プロセスの共有化**を図ります。そして、今は**思考を「広げているのか」、それとも「深めているのか」**意識しながら授業を展開します。こうすることで、学習ツールの一つとして板書を用いる目的がより明確になります。

そのためにも、まずは「立体型板書」の10のバリエーションを頭にインプット（イメージ）します。そして、どのような思考を子どもたちに働かせたいのかを考え、授業づくりを行うことが大切です。教材研究の段階では、説明文や物語文の特性を捉え、その特性を生かしながら「どう板書を組み立てれば子どもたちの思考を可視化・活性化することができるのか」にこだわって授業を考えます。私は、この取り組みが子どもたちの「論理的思考力」や「言葉の力」、そして「人間性」を育てていくことにつながると信じています。「立体型板書」の国語授業に取り組まれた先生方であれば、この点に納得していただけるのではないでしょうか。「立体型板書」の国語授業づくりの背景にある教育哲学も、ぜひ大切にしていただきながら、これから述べる授業づくりのポイントをお読みいただければと思います。

2 結果以上に学びの「プロセス」を重視した授業づくりを！

「立体型板書」は、「羅列型板書」に比べて最終的な仕上がりのインパクトが強く、その「結果」を重視しているように思われる方も多いようですが、実際は違います。「立体型板書」で最も重視していることは、子どもたちの思考がどのように広がり、深まったのかという点、つまり学びの「プロセス」です。

では、なぜ「プロセス」を大切にするのでしょうか。読みの授業における「精査・解釈」を充実させるためには共通のキャンバスが必要です。そのキャンバスこそ「板書」なのです。板書を通して、一人ひとりの思考は共有され、自分と他者の考えの違いに気付きます。そして、思考が広がり、深まります。この「広がり」や「深まり」を学級の共有財産にする力が板書にはあります。「子どもたちの思考がどのように広がり、深まったのか」という**学びの「プロセス」を板書で可視化**することで、子どもたちは文章の「読み方」を学ぶことができます。この「読み方」を身に付けることができれば、たとえ教材が変わったとしても、自分の力で力強く読みの世界へと立ち向かえる学習者を育てることにつながります。

つまり、**「一人ひとりを力強い読み手へと育てる」ための「板書」**なのです。そして、その力はインプットからアウトプットへ、つまり「書き手」へと転じた時にも大きな力を発揮します。筆者や作者の思考プロセスを学ぶことで、子どもたち自身が表現者となった時にも活用できる力が身に付きます。

「プロセス」を重視した板書づくりについては、これまで多くの先人たちが主張しています。大内善一（１９９０）では、「板書は教材の論理はもちろん、指導のねらい、学習者の思考のプロセスなどが統合的に抽象化・構造化されたものでなければならない」とあり、三十年も前から、板書における思考プロセスの重要性を主張していたことが分かります。[注] 同時に、この「思考プロセスを重視した板書」は、国語科授業づくりにおいてなかなか克服されていない課題であることも明らかです。

有識者だけでなく、この本を手にとってくださっている多くの先生方も、次のように感じているのではないでしょうか。

「板書が掲載されている書籍を手にした時に本当に知りたい部分は、最後の結果だけでなく、どのように板書ができあがっていくかという『プロセス』なのに……」

前作の理論編で動画が見られるようにQRコードを用いたのも、このニーズに少しでもお応えできればとの思いからでした。子どもたちがどのような学びの軌跡をたどったのかを可視化し、その軌跡の妥当性について議論することにこそ、板書の価値があります。第2章の具体的実践事例でも、この「プロセス」がより丁寧に伝わるように意識して執筆しました。お読みいただく際には、**ぜひ「どのような思考プロセスを示しているのか」**を想像しながらご覧いただければと思います。

注　ほかにも、大西道雄（１９９０）、野地潤家（１９９０）、吉田裕久（１９９２）、花田修一（２００６）、町田守弘（２００６）、吉永幸司（２０１０）、若林富男（２０１１）、輿水かおり（２０１８）が言及しています。詳しくは拙稿（２０２０）「小学校国語科における板書の在り方に関する一考察」に掲載しています。

3 国語科学習指導書の実態を知っていますか？

具体的な授業づくりのポイントに入る前に、ぜひ知っておいていただきたい事実をご紹介します。それは、多くの教員が学校で頼りにしているであろう「国語科学習指導書」（以下、指導書）の実態です。実は、指導書に掲載されている「読むこと」単元における板書例を整理したところ、**多くの板書例が「羅列型板書」として提示されている**ことが明らかになりました。ある出版社の指導書（令和二年版）の小学1年～6年までの全200の板書例（説明文87事例、文学113事例）のうち、「羅列型板書」に分類されたものは142事例という結果でした。これは**全体の71%**を占めています。

この結果からも明らかなように、国語科における板書はまだまだ思考を整理することを主な目的としています。多くの小学校が授業の指標としている指導書でさえ「羅列型板書」を基本とした授業案ですから、「立体型板書」の国語授業の価値が認められるまでにはまだまだ時間がかかるかもしれません。もちろん思考の整理は大切な学習過程です。しかし、ただ発言を時系列で書き並べるだけでは、せっかくの板書がもったいないと思いませんか。さらにもう一歩踏み込み、「思考プロセスの可視化」に重点を置くべきです。この本を手に取ってくださった先生方一人ひとりの意識変革こそ、国語授業を変える最初の一歩になります。

2 「立体型板書」の国語授業づくりのポイント 文学編

では、ここからは「立体型板書」を用いた国語授業づくりのポイントについて説明します。第2章の具体的な授業案は、以下の五つのステップに沿って示されています。この五つのポイントに沿って授業づくりを進めることで「立体型板書」の国語授業づくりを読者の先生方も自分の力で組み立てることができるようになります。ぜひ、「自分だったら、こう考えるかな」と思考を巡らせながらお読みください。

「立体型板書」の国語授業づくり 五つのポイント

①教材の特性
②「立体型板書」のポイントと育てたい論理的思考力
③授業の流れと学習課題
④板書プロセス図
⑤考えを深めるための補助発問

1 教材の特性

まずは、各教材がどのような特性をもっているのかを捉える必要があります。文学の場合、説明文に比べて作品自体のもつ魅力が強く、子どもたちも自ら関心をもちやすいのではないでしょうか。読者の皆さんも自身の小学校時代を思い出してみると、「小学校4年生の時に学習した説明文は全く覚えていないけれど、『ごんぎつね』を学習したことはしっかりと覚えている」といったように、大半の方が文学作品を学んだ思い出の方が強く残っているのではないでしょうか。だからこそ授業づくりという視点で教材の特性を捉える際には、難しい部分も多くなります。**親しみやすいからこそ、授業で扱う難しさが文学にはあります。**

しかし、基本となる文章構造や人物関係を押さえ、作品や作者特有の表現に注目することで子どもたちがそれぞれの解釈を伝え合い、思考を深める授業づくりが可能になります。

「立体型板書」と文学教材の相性を考えると、文章構造の理解では**構造埋め込み型**や**変容型**、**内容解釈では対比型や人物相関図型が最も使用頻度の高いバリエーション**と言えます。また、それぞれを組み合わせて使用することもあります。

では、具体的な「教材の特性」の捉え方を示します。

低学年教材では、はじめに登場人物の確認を行います。低学年ではそこまで多くの人物は登場しませんので、中心人物と周辺人物がどのような関係性にあるかを相関図に描くと整理できます。これは、

人物相関図型を活用し、人物関係を糸口に考える学習につながります。

また、文章構造については、「最初○○だった中心人物が、△△によって、最後には××になった」という具合に、中心人物の変容を書き出しながら、その背景にある文章構造にも注目することが大切です。例えば、「くり返し表現」が入っている場合には、「もし、くり返しがなく一度だけだったら……」や「比べてみると、どんな違いや共通点が見えてくるかな」と考えることもできます。これらの思考は、**対比型**や**ベン図型**の板書につながります。

中学年教材では、ファンタジー構造をもつ作品が増えます。「現実―非現実―現実」の構造は、非現実の前後における中心人物の変容と結び付けて捉えます。すると、構造と内容が結び付き、よりつながりを意識した読みを引き出せます。また、登場人物の行動や会話文中心の読み取りだけでなく、情景描写に着目した読み方を学ぶことができます。

高学年教材では、より抽象的な描写によって読者に語りかける作品が増えます。詳細な読みはもちろん、作者が作品全体を通して読者に伝えたかったメッセージは何かを考え、文章全体を俯瞰して見ることで主題につながる思考もできるはずです。

子どもたち一人ひとりが表出する言葉を大切にしつつ、様々な観点から教材を解釈できるように「教材の特性」を捉えておきましょう。そして、それぞれの発達段階に合わせて、教材の特性を十分に生かした学習課題の設定へと向かいます。

2 「立体型板書」のポイントと育てたい論理的思考力

教材の特性を捉えることができたら、子どもたちの思考を効果的に可視化できそうな「立体型板書」を選択します。現段階では、10種類に整理して提案していますが今後、新たなバリエーションが増えることや読者の皆様のオリジナル板書が生まれてくることも考えられます。再度、確認しますが「立体型板書」を使うことが目的ではありません。子どもたちの**思考プロセスの可視化や深化のための手段の一つであること**を頭に入れた上で、板書を選択します。目的と手段を混同しないように気を付けてください。

立体型板書では、思考のつながりを大切にします。特に**思考のつながりは、「広がり」と「深まり」という二つの視点**から組み立てていくと考えやすくなります。学習課題によって子どもたちの思考に刺激を与え、一人ひとりの思考を板書でつなぎます。

まずは「広がり」です。基本的には、白チョークを用いて、子どもたちの発言を板書に位置付けます。ここでは、選択しているバリエーションの特性を授業内でどのように生かしていくのかを念頭に置きながら、発言のキーワードを残します。この時、教材文に書かれている「具体」を書きすぎないように注意しましょう。あくまでもキーワードのみを書き残し、具体的な内容については話し言葉で表現させると板書が複雑になりません。「書きすぎる板書」では子どもたちの思考もすっきりしません。なるべく**シンプルな板書**を意識します。

次は「深まり」です。一通り子どもたちの発言を位置付けたところで、指導事項や学習のめあてに向かいます。ここでは、色チョークも使いながら、子どもたちに**「あっ！」と気付きを与えるようなしかけ**を用います。文学教材の場合、作品の前後における中心人物の変容ときっかけという大枠を押さえながら、作者の意図や表現効果のおもしろさに気付かせます。この「深まり」を可視化することで、平面的だった思考が徐々に立体的になります。表面的な理解や解釈が思考のつながりによって、より本質的な理解や解釈へと変化します。子どもたちの発言も「広げる」段階よりも一段階レベルアップしたものになるはずです。

この「広がり」と「深まり」を可視化する中で、育てられる力こそ「論理的思考力」です。この点に関しては前作『「立体型板書」の国語授業』の中で詳しく述べています。「立体型板書」では、思考プロセスの可視化と同時に、以下の**三つの「論理的思考力」**を育てることも大切にしています。

①比較・分類　②関連付け　③類推

①から③に進むにつれて思考レベルも高まりますので、子どもたちの実態に合わせて、どの「論理的思考力」を育てることにつながるのかも板書づくりの段階で意識しましょう。1時間の中で一つの「論理的思考力」に焦点化して鍛える場合もありますし、授業展開に合わせて①比較・分類から始まり、②関連付けを行い、③類推するレベルにまで引き上げる授業もあります。授業の中に、この「論理」があると、ほかの教材になった時にも活用できる「読みの力」へとつなげることができます。

文学教材の場合、論理的な読み方はもちろん必要なのですが、私は「文学の世界で遊ぶ」ことも大切にしています。自由に想像を広げながら、作品をじっくりと味わうことも大切にすると、より充実した文学の学習が実現できます。

3 授業の流れと学習課題

第2章に掲載した実践例は、以下の五つの学習過程で授業を組み立てています。授業展開は本来、子どもたちの実態や身に付けさせたい読みの力によって柔軟に変化させていくことが大前提です。あくまでもこの流れは一つの提案です。読者の先生方には、本提案を一つの叩き台としてより子どもたちの実態に合わせた展開へとブラッシュアップしていただければと思います。

①問題意識の醸成
②学習課題の提示と個人思考
③考えの交流
④思考の深化
⑤学習のまとめ・振り返り

ここでは、①~③について解説します。

まず、**①「問題意識の醸成」**です。45分間の授業のモチベーションを決定付ける大切な入口です。特に文学作品の場合、作品自体への関心も高く、一読しただけで大体の内容は把握できていることが多いのではないでしょうか。しかし、その「分かったつもり」をゆるがす活動を入れることで、授業への関心がグッと高まります。また、この導入部分で物語のどこを見るのかを明確にしましょう。場面ごとに焦点化された読み取りなのか、物語全体を視野に入れた俯瞰的な読み取りなのかを確認できると思考のフレームが整います。

次に、**②「学習課題の提示と個人思考」**です。問題意識を高めたところで、子どもたちの思考を刺激する学習課題を提示します。この学習課題づくりに関しては、『「Ｗｈｉｃｈ型課題」の国語授業』との相性がよく、この考え方を用いた課題が多いです。私が課題づくりで大切にしていることは、「全員が自分の考えの立場を明確にできること」です。また、個人思考ではノートに自分の考えの根拠と理由も含めて記述させます。ここで自分の考えをノートに可視化することが、「考えの交流」の第一歩になります。

そして、**③「考えの交流」**では、子どもたちの考えを発表させながら板書を用いて、その「思考プロセス」を可視化します。まずは、「広がり」を意識しましょう。子どもたちの考えの共通点と相違点を明らかにしながら整理し、一人ひとりの発言を価値付けます。文学の場合、根拠とする部分が同じであっても解釈が異なる場合がよくあります。子どもたちがどのような理由付けをして自分の考えに至ったのかを確認しましょう。ある程度、板書に子どもたちの考えが可視化されたタイミングで、板書を見ながらのペア学習や再思考（ノートに改めて考えを記述）を行うことも効果的です。論理的思考力の育成でも触れた「比較・分類」や「関連付け」の思考力もここで育まれます。自分とは違う考えに触れることで、「あぁ、そういう見方もあるんだな」と他者の考えを受け止める姿勢も育ちます。

4 板書プロセス図

本書の最大の特色でもある板書プロセス図。自分が読者だったら、「ここが一番知りたい」という板書の勘所でもあります。このプロセス図を準備（イメージ）しておくことでゴールまでの通過点を確認できます。

私は板書計画を考える際、**二段階のステップ**で考えます。「まずはここまで」という第一段階と、「思考を深める」を意識した第二段階です。これは、ここまで述べてきた**「広げる」と「深める」**にもつながる部分です。

基本となる板書バリエーションが決まったら、学習課題に対する予想される子どもたちの発言を書き出します。それらの発言を「論理的思考」や「授業のねらい」に合わせて配置します。もちろん授業では、こちらが予想していなかった発言も生まれますので、それらは思考プロセスを遮らないような位置に書き込めるようにします。この準備をしておくと授業中に突飛な考えが出されたとしても焦らずに対処できるはずです。時と場合によっては、板書には書かずに話し言葉でのやり取りで終わることもあります。

また、教師は授業中、「本当に理解できているのかな」と不安になると話す量が増えたり、板書の情報量が増えたりします。「書きすぎる板書」は子どもたちの思考を複雑にしますので、子どもたちの力を信じて、なるべく「シンプルな板書」を意識することも覚えておいてください。適度に余白を残すことが、子どもたちが自ら思考を働かせることにつながります。

5 考えを深めるための補助発問

最後は、考えを深めるための補助発問です。授業後半に設定される「④思考の深化」では、ここまで広げてきた子どもたちの思考を授業のねらいに合わせて収束させます。この収束に必要な刺激や気付きをひきだすための補助発問を考えます。これまでの授業展開ではあえて触れずに流しておいた部分にせまり、「深める」ための焦点化を行います。

ゆさぶり発問を用いて「新たな気付き」をもたらすことも効果的です。発問を投げかけた後、子どもたちの「えっ？」というつぶやきがもれる発問が理想です。また、子どもたちのふとした瞬間のつぶやきがこのゆさぶり発問につながることもあります。

文学作品の場合、「問題意識の醸成」でも触れた「分かっているようで、実は分かっていない部分」にメスを入れることが大切です。子どもたちは、頭では理解しているものの、いざ言語化して説明するとなると難しい部分がたくさんあります。この言語化を丁寧に行うことが子どもたちの「思考の深化」「言語力の向上」につながります。

第2章

授業の実際

立体型板書

「やくそく」（光村図書 1年）4／8時

【本時のねらい】三匹のあおむしが見たものを比較することを通して、題名と内容のつながりについて考えることができる。

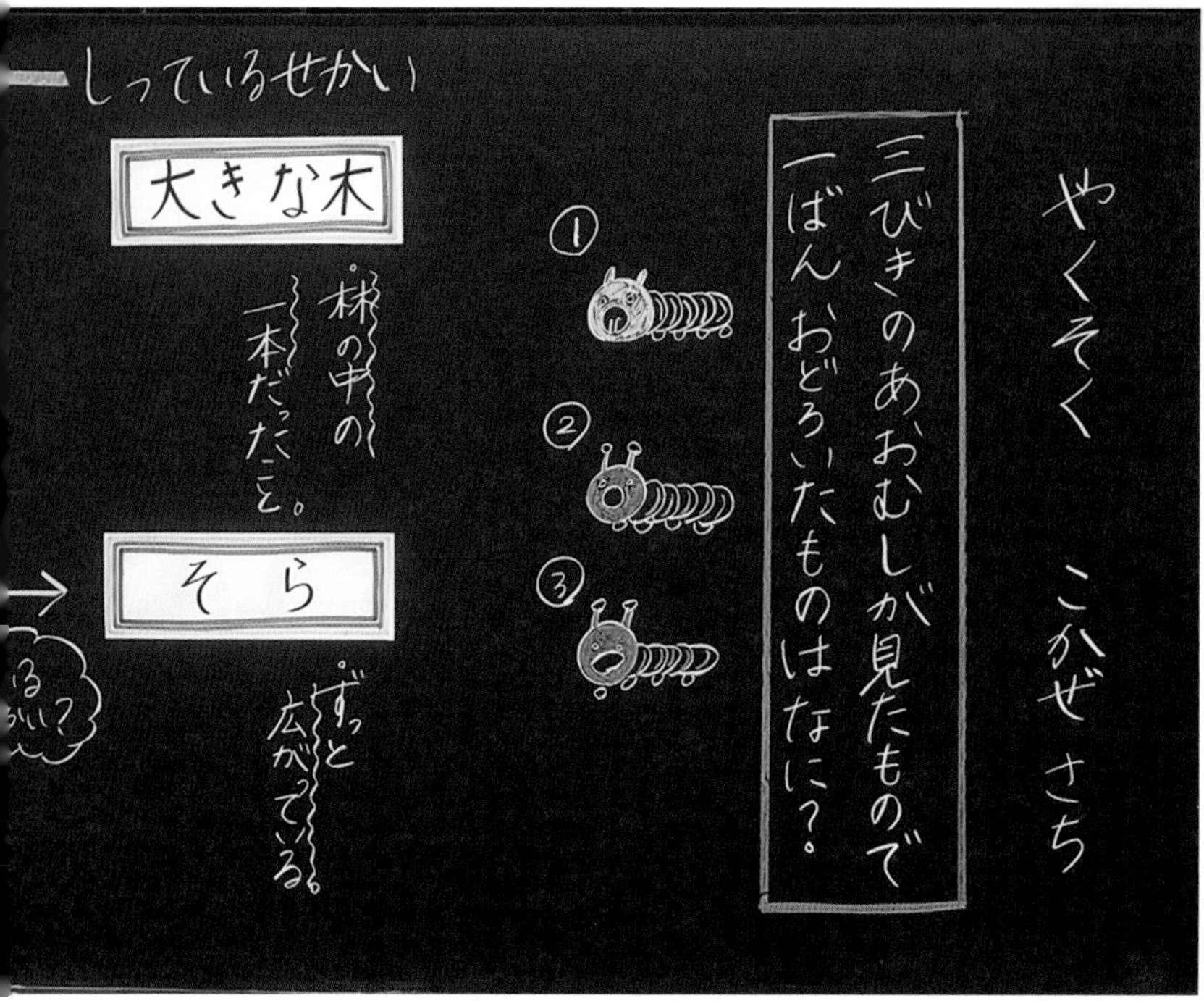
やくそく
こかぜ さち
三びきのあおむしが見たもので一ばんおどろいたものはなに？
①
②
③
しっているせかい
大きな木
・林の中の一本だったこと。
そら
・ずっと広がっている。

身に付けさせたい読みの力

●題名と内容のつながり

教材の特性

三匹のあおむしが非日常の世界との出会いを通して目の前に見えているものに心躍らせながら物語は展開します。

最初の一匹が自分とそっくりなあおむしと出会うところから、日常が非日常へと変化します。その後も「もう一匹のあおむし」「おおきな木」「はやし」「そら」「うみ」とまだ知らない世界との出会いが待っていました。やくそくをすることで「おおげんか」していた三匹の関係も変化します。「せまい⇔ひろい」世界の対比が三匹に与えた影響を捉えながら、読み深めましょう。

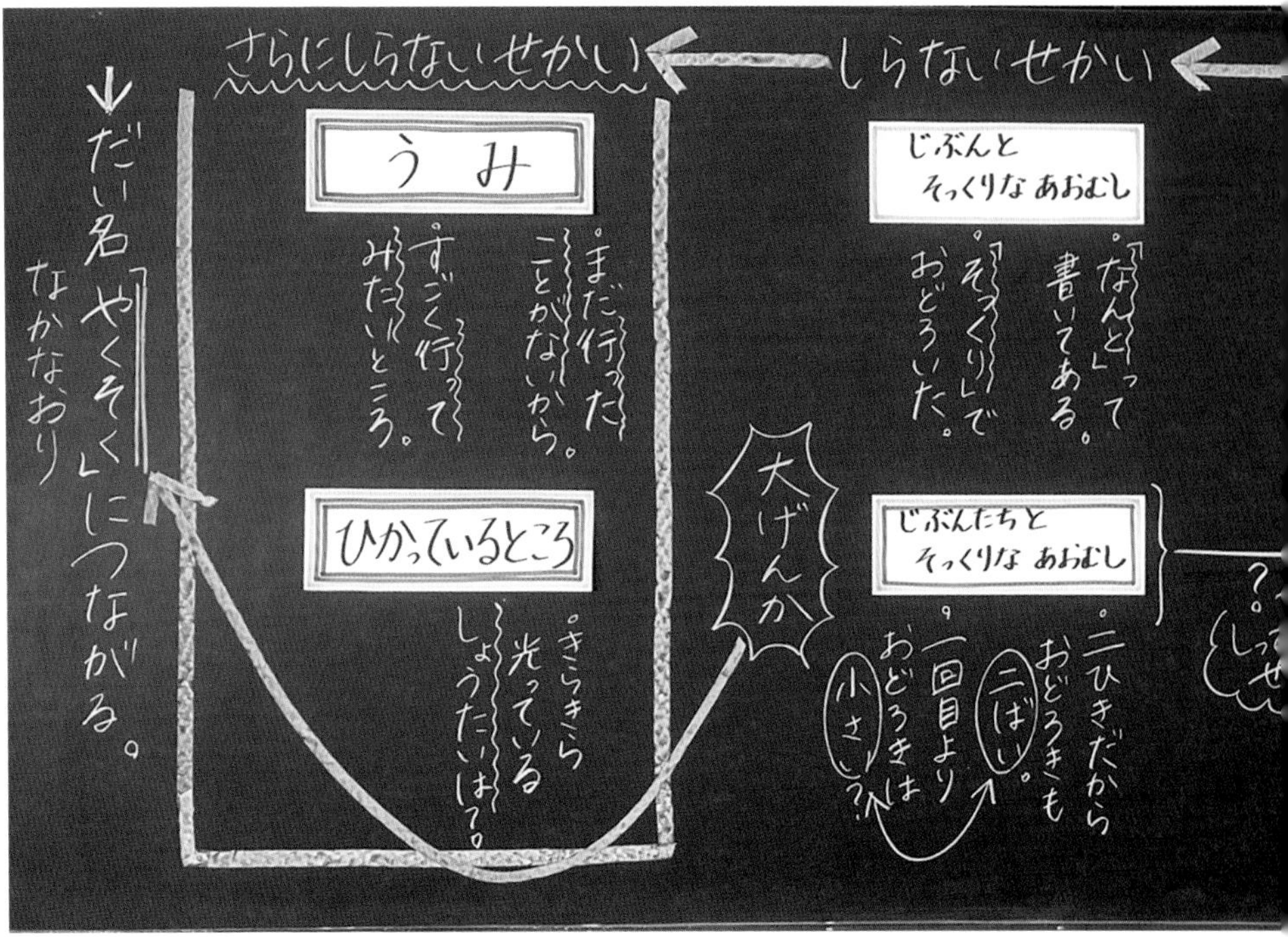
しらないせかい
さらにしらないせかい
じぶんと そっくりな あおむし
。「なんと」って書いてある。
。「そっくり」でおどろいた。
じぶんたちと そっくりな あおむし
。二ひきだからおどろきも二ばい。
。一回目よりおどろきは小さい？
大げんか
うみ
。まだ行ったことがないから。
。すごく行ってみたいところ。
ひかっているところ
。きらきら光っているしょうたいは？
だい名「やくそく」につながる。
なかなおり

立体型板書のポイント

三匹のあおむしが一体何を見たのか、それぞれのあおむしごとに整理しましょう。短冊のふちの色を分けることで「誰が、何を見た」ということがはっきりします。驚きの理由を追記し、内容理解を深めます。

授業後半では、縦軸に注目させ、意図的に分けた三つが「どんな世界」なのか類別します。あおむしにとっての既知・未知・さらなる未知であることを導き出すと同時に題名との関連も考えます。

論理的思考力を育てるポイント

比較・分類

授業前半では、三匹のあおむしの見た六つのものを比べ、「おどろき」の解釈を広げます。後半では、「○○な世界」と類別することで三匹の驚きの違いや題名とのつながりを深めましょう。

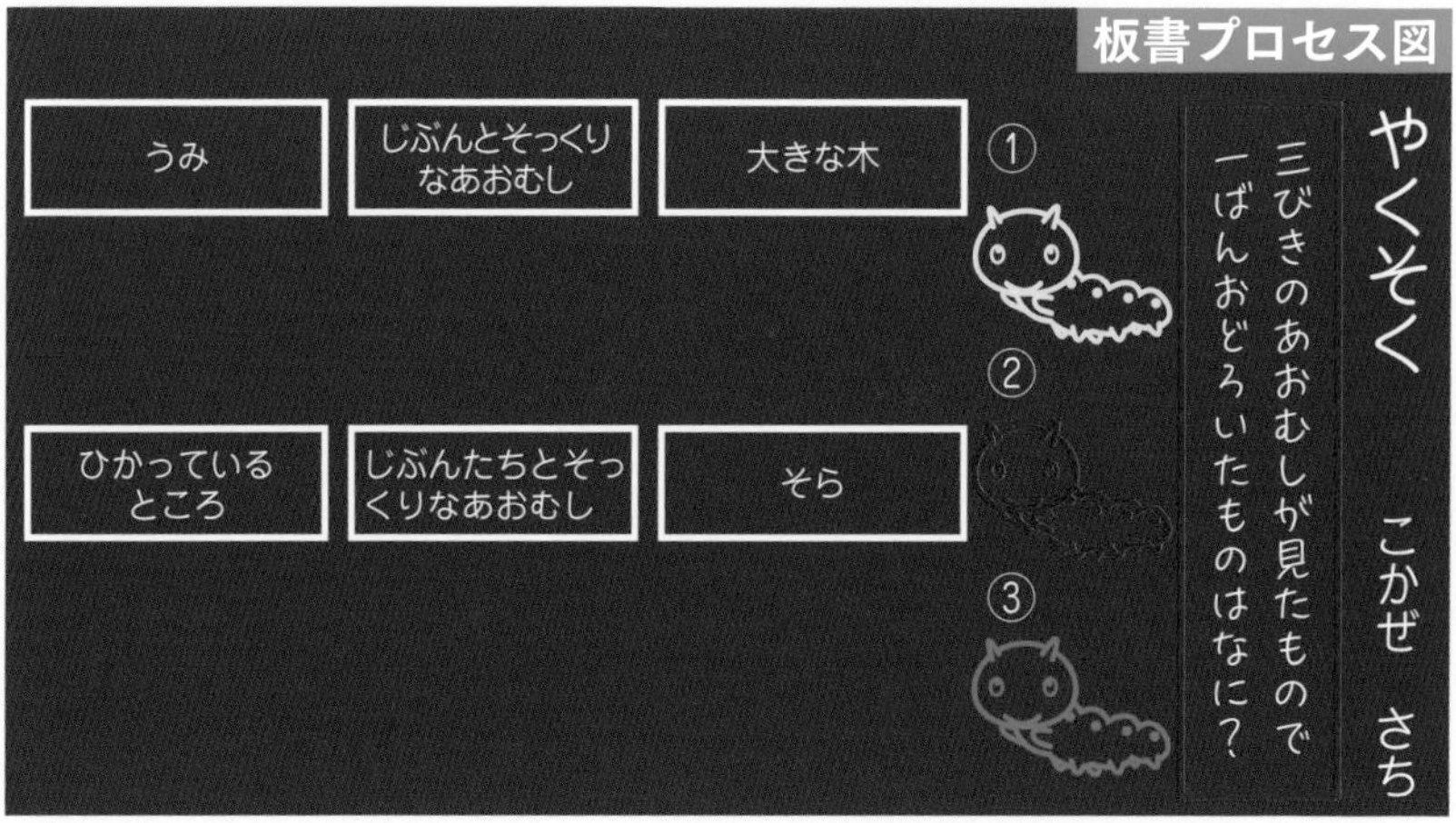
板書プロセス図
やくそく
こかぜ　さち
三びきのあおむしが見たもので
一ばんおどろいたものはなに？
①
大きな木
じぶんとそっくり
なあおむし
うみ
②
③
そら
じぶんたちとそっ
くりなあおむし
ひかっている
ところ

Check

1 問題意識の醸成

板書プロセス図参照

これまでの学習を振り返り、「三匹の見たもの」について尋ねる。

T 三匹のあおむしは、どんなものを見ましたか？

C 最初に自分とそっくりなあおむしを見たよ。

POINT 1

子どもたちの発言を引き出す中で、「誰が、何を見たのか」を短冊を用いて整理し、話合いの土台を整える。

2 学習課題の提示と個人思考

> 三匹のあおむしが見たもので一番おどろいたものは何でしょう？

C わたしは（　　　　）が一番おどろいたと思います。なぜなら、……からです。

3 考えの交流

C 私は「じぶんとそっくりなあおむし」だと思う。「なんと」って言葉があるから。

C 「そら」だと思う。広い世界をすごいと思ったから。

C 「うみ」だと思う。初めて見たし、まだ分からないこともある

POINT 1

見たものの短冊をふちで色分けすることで、あおむしごとに「何を見たのか」を区別できるようにします。「誰が、何をした」を正確に読み取る力は低学年の読みの力として身に付けさせたい部分です。また、「見たもの」は後半で類別する際、移動させながら思考を深められるように短冊に書いておきましょう。

POINT 2

板書を縦軸で見ることで、三匹のあおむしが見たものを類別します。最初は既知（知っているもの）から始まり、未知へと世界は広がります。題名にもなっている「やくそく」は、これから先のまだ見ぬ世界へとつながることも確認しましょう。

場所だから。

「おどろき」の理由を交流する中で、未知の世界との出会いが大きな驚きにつながっていることを確認する。

4 思考の深化

考えを深めるための補助発問

先生が黒板を三つのかたまりにわけている理由が分かるかな？

C あっ！ 知っているものと知らないものだ！

C 題名の「やくそく」って、まだこれから先の知らないことの部分を言っているんだね。

POINT 2

これまで議論していた視点を縦軸に焦点化します。既知から未知、そしてさらなる未知へと広がる世界に気付かせましょう。

5 学習のまとめ・振り返り

T あおむしたちが驚いたことを整理すると、題名の意味も分かりましたね。

「たぬきの糸車」

（光村図書　1年）　6／8時

【本時のねらい】　たぬき日記を考える活動を通して、叙述には書かれていない行間について豊かに想像することができる。

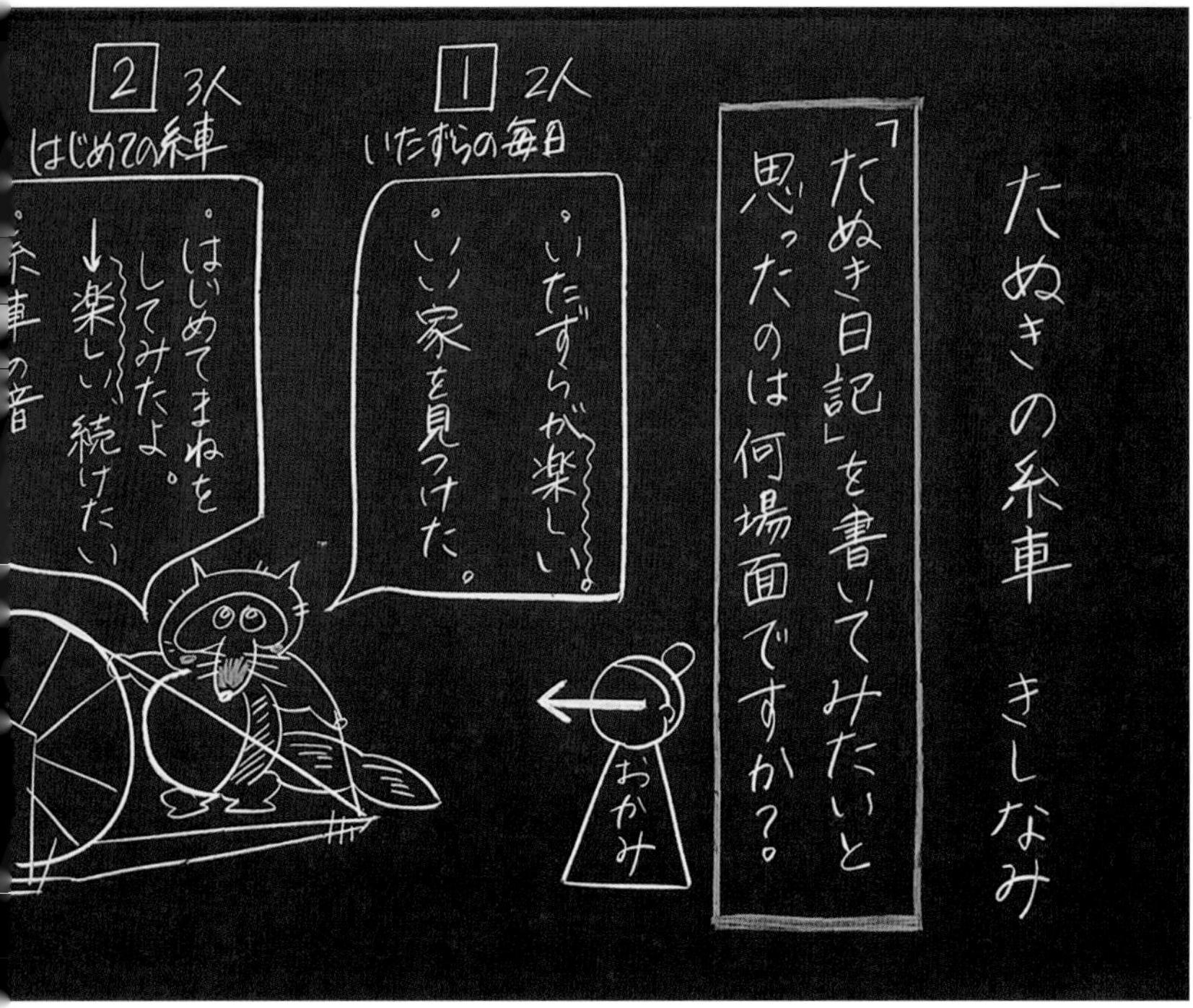

たぬきの糸車　きしなみ
「たぬき日記」を書いてみたいと思ったのは何場面ですか？
おかみ
1　2人
いたずらの毎日
・いたずらが楽しい。
・いい家を見つけた。
2　3人
はじめての糸車
・はじめてまねをしてみたよ。
↓楽しい　続けたい
・糸車の音

身に付けさせたい読みの力

●登場人物の気持ち、行間

教材の特性

　いたずらたぬきのかわいらしい様子がおかみさんの視点から描かれている作品です。したがって、たぬきの気持ちは分かりません。しかし、1年生の子どもたちは「きっとたぬきはこんな気持ちだったと思う」と想像を働かせながら読みを深めていくでしょう。

　そこで、「たぬき日記」という形で、その日の出来事とたぬきの気持ちを想像させて、文章の行間を埋めることで作品の世界をより味わうことができるようにします。脇役として登場するきこりがおかみさんの優しさを際立たせます。

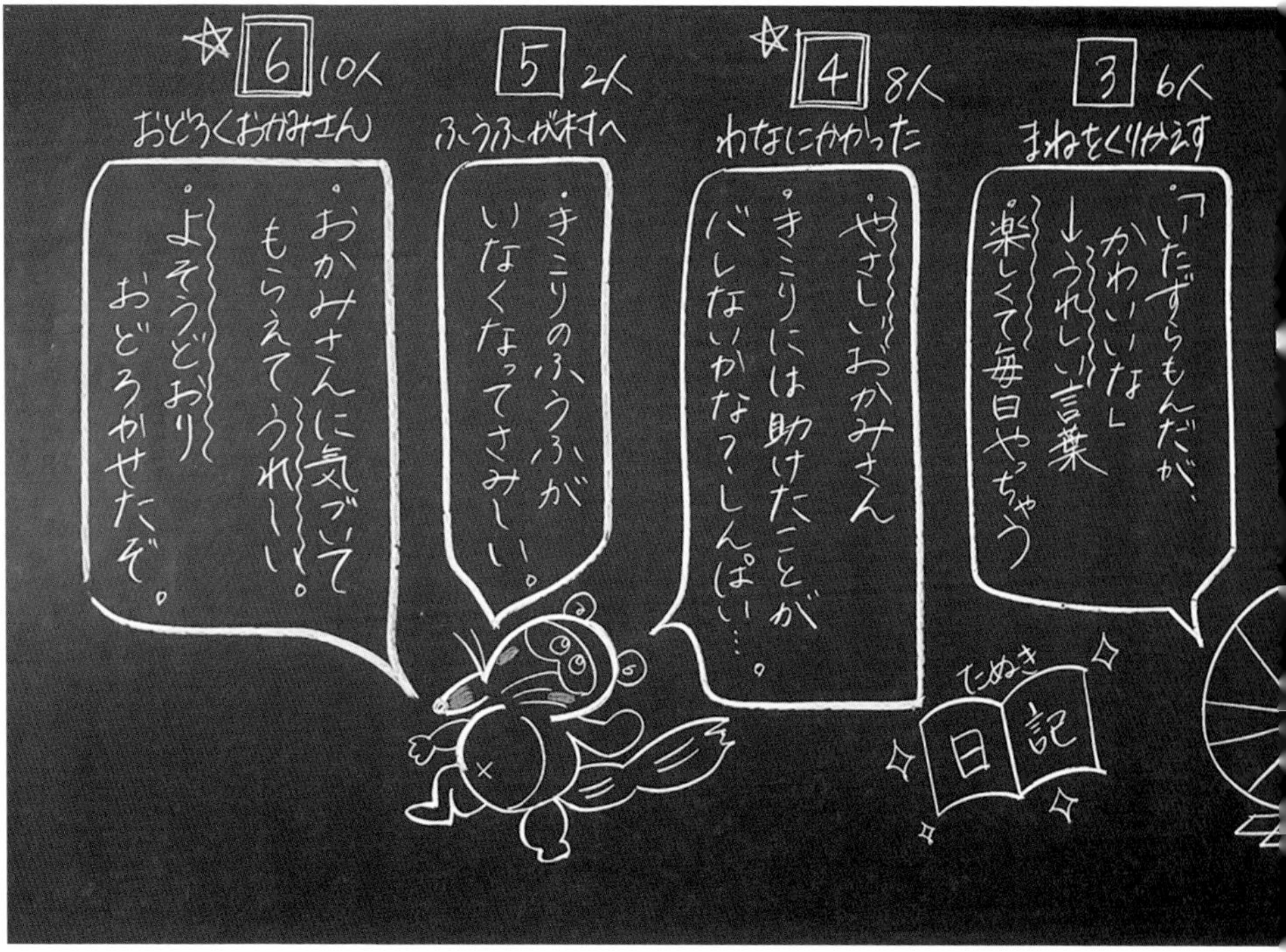

立体型板書のポイント

たぬきのイラスト（挿絵）に吹き出しを用いて空欄をつくることで「たぬきの気持ち」を具体的に想像させます。

　選んだ場面の理由を共有することでそこでの出来事やおかみさん、きこりとのやり取りについて理解を深めることができます。たぬきの気持ちと場面の様子を関連付けて整理する板書を心がけましょう。

論理的思考力を育てるポイント

類推

たぬきの気持ちを想像するためには、まず「おかみさんの目に映ったたぬきの様子」を確認します。その様子から、論理的に類推できる力を育てることができます。しかし、低学年段階ですので物語の世界で「遊ぶ」という意識も大切にしましょう。

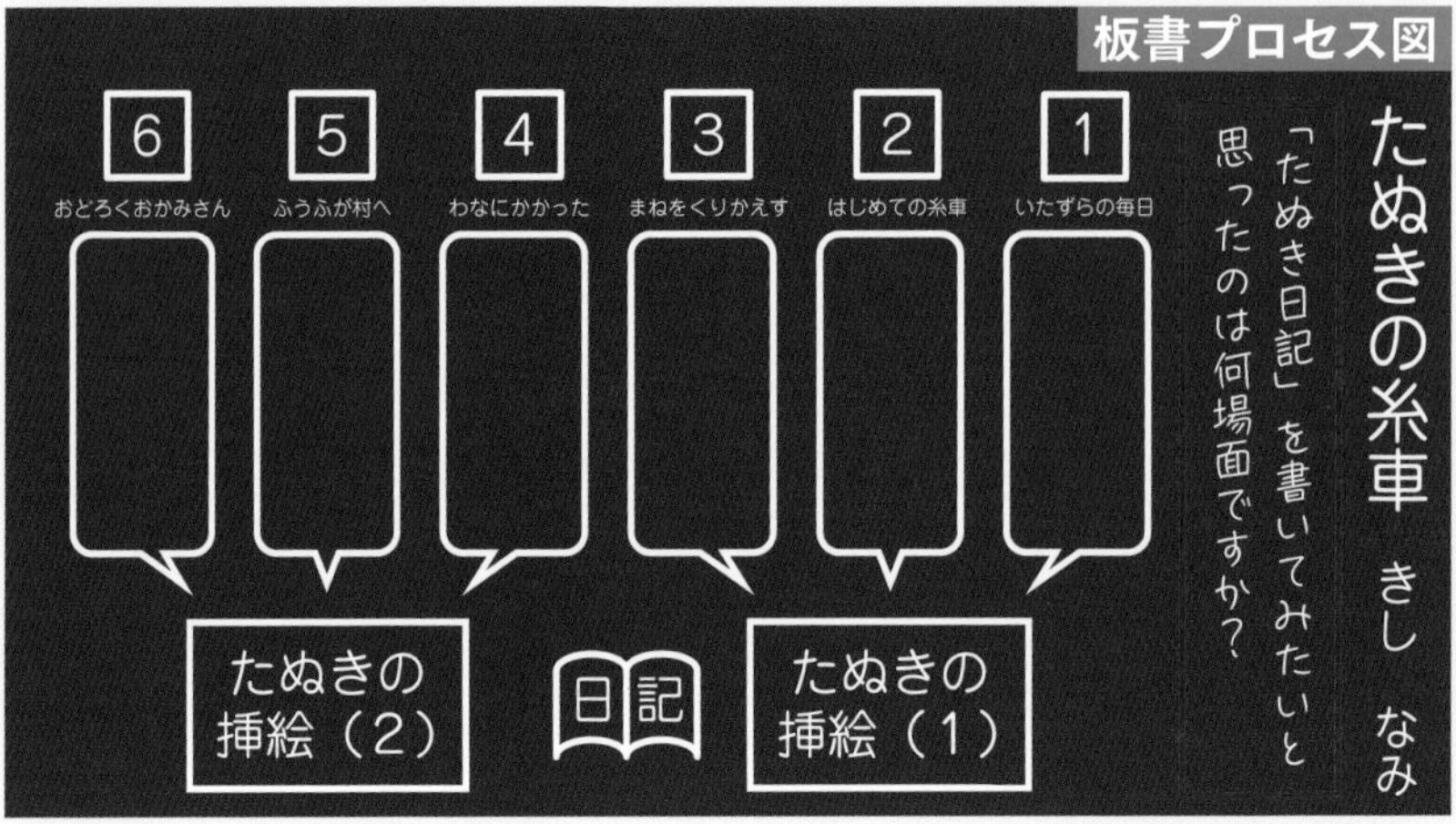
板書プロセス図
たぬきの糸車　きし　なみ
「たぬき日記」を書いてみたいと思ったのは何場面ですか？
1 いたずらの毎日
2 はじめての糸車
3 まねをくりかえす
4 わなにかかった
5 ふうふが村へ
6 おどろくおかみさん
たぬきの挿絵（1）
日記
たぬきの挿絵（2）

Check

1 問題意識の醸成

板書プロセス図参照

物語の出来事を確認しながら、場面ごとに名前を付けます。

T たぬきが過ごした、それぞれの場面に名前を付けるとすれば、どうしますか？

C 一場面は「いたずらの毎日」かな。

POINT 1 たぬきがどのような日を過ごしたのかを確認し、「たぬき日記」の選択肢をつくります。

2 学習課題の提示と個人思考

「たぬき日記」を書いてみたいと思ったのはどの場面ですか？

C わたしは（　）場面の日記が書いてみたいです。なぜなら、……からです。

3 考えの交流

C ぼくはやっぱり「六場面」かな。おかみさんに気付いてもらえてとても嬉しかった日だから。

C 私は「四場面」です。きこりの罠にかかってしまったけれど、助けてくれたおかみさんの優しさが忘れられないからです。

POINT 1

本時までの学習を振り返りながら、たぬきの過ごした時間とそれぞれの場面に名前をつけます。ここで用意する六つの選択肢は、「たぬき日記」につながります。また、挿絵やイラストを提示し、吹き出しを付けることでたぬきの気持ちを考える準備を整えます。

POINT 2

これまで、子どもたちが広げてきた思考を一度、焦点化して思考を深める場面をつくります。吹き出しの中に書かれた言葉に注目しながら、「たぬきの嬉しい気持ち」を比較させます。嬉しさの度合いを具体的に考えることによって、場面の様子をよりイメージした読みを引き出します。

C 「三場面」です。おかみさんの言葉が嬉しかったからです。

考えの共有を行いながら、具体的なたぬきの気持ちを想像します。たぬきの気持ちについて、吹き出しの中にたぬきの言葉を書き込むとイメージが広がります。

4 思考の深化

考えを深めるための補助発問

たぬきの「嬉しい気持ち」を表す表現が一番多くなりそうなのは何場面の日記ですか？

C 絶対、最後の場面。嬉しくて飛び上がっているもん。

C でも罠から助けてもらった四場面もいいかも。

POINT 2

吹き出しの中に書き込んだ「たぬきの気持ち」に焦点化して、より具体的な日記の内容を想像しましょう。

5 学習のまとめ・振り返り

T 今日、広げた考えを使って、次回は「たぬき日記」を実際に書いてみましょう。

▼穴埋め型

「ずうっと、ずっと、大すきだよ」（光村図書 1年） 5／8時

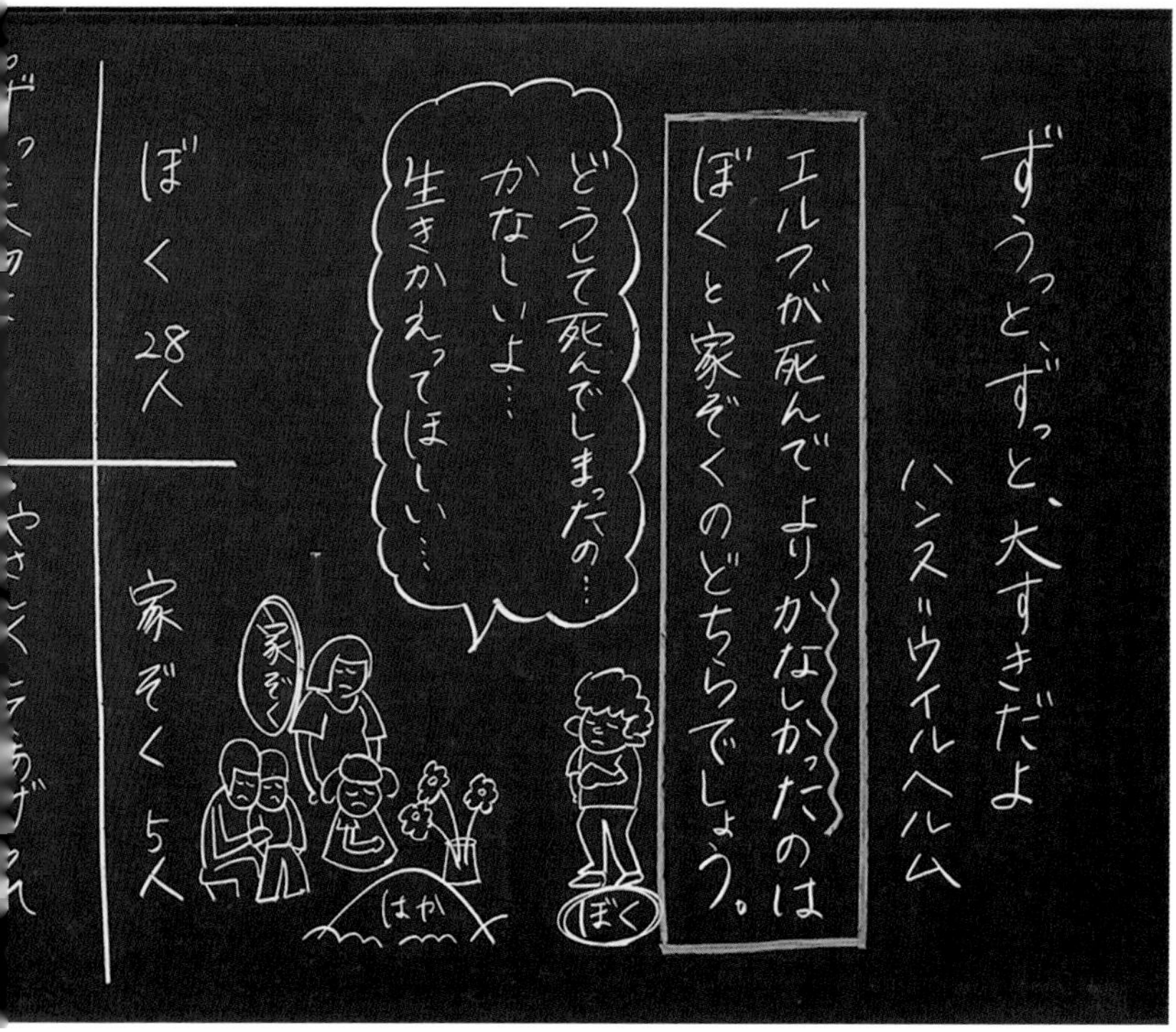
ずうっと、ずっと、大すきだよ
ハンス＝ウイルヘルム
エルフが死んでよりかなしかったのは
ぼくと家ぞくのどちらでしょう。
どうして死んでしまったの…
かなしいよ…
生きかえってほしい…
ぼく
家ぞく
はか
ぼく 28人
家ぞく 5人

【本時のねらい】 エルフを失った悲しさを比較することを通して、エルフへの思いについて考えることができる。

身に付けさせたい読みの力

●中心人物の気持ち

教材の特性

エルフのことが大すきなぼくの視点（一人称視点）で物語が展開します。エルフへの優しさが溢れている一方、家族とエルフの関わりに対してはどこか寂しさを感じる部分があります。

エルフが死んだことに対する「悲しさ」は、ぼくと家族を比較することで、より細かな部分まで読み取ることができます。ぼくは「いくらか気もちがらくだった」という記述もあり、生前のエルフとの関わりが「悲しさ」の大きさにも影響していることが分かります。ぼくの溢れんばかりのエルフへの愛情を丁寧に読み取りましょう。

対比型「ずうっと、ずっと、大すきだよ」

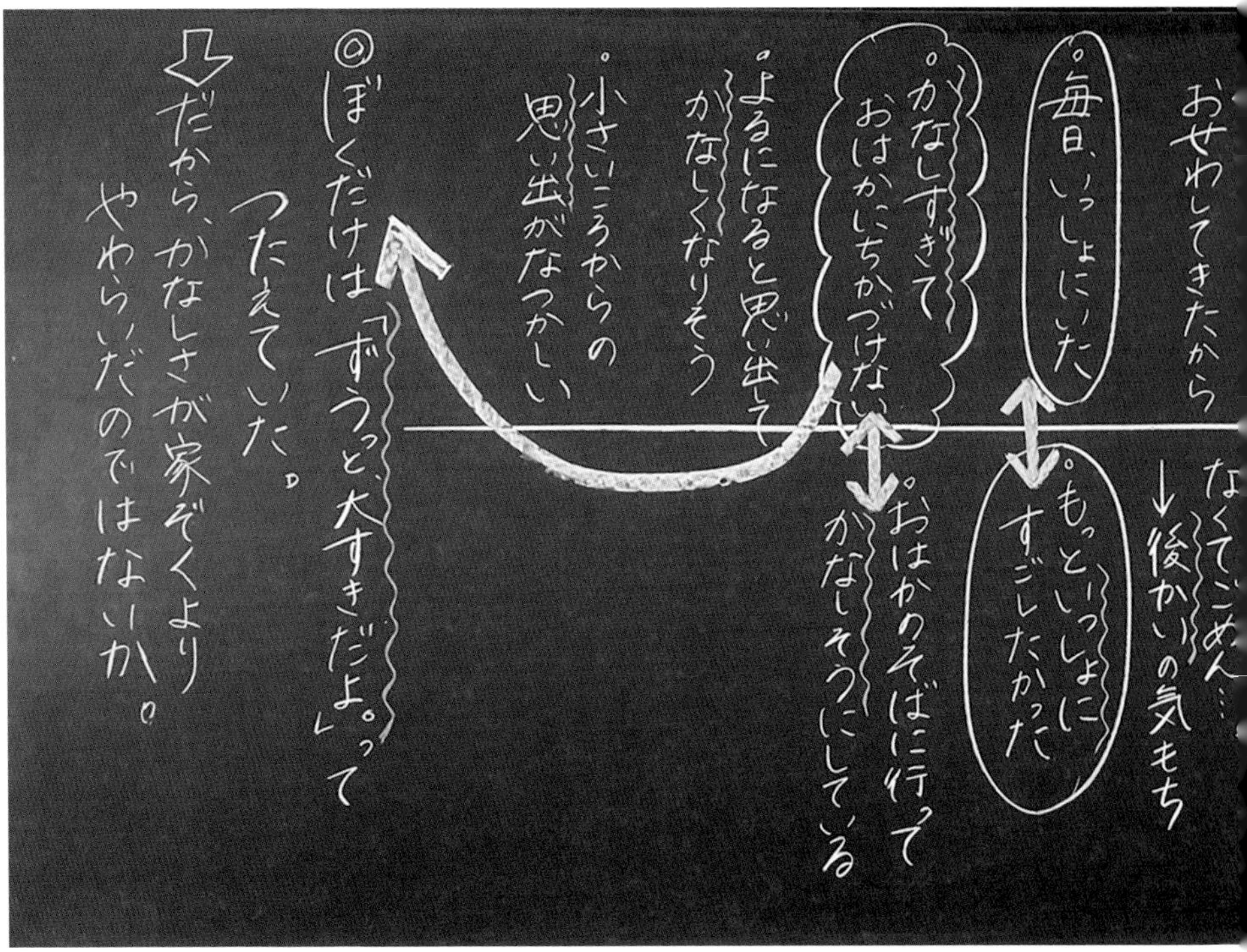

立体型板書のポイント

ぼくと家族の「悲しさ」を対比させながら、生前のエルフとの関わりについて「違い」を明らかにします。

おそらく多くの子が、「悲しさ」はぼくの方が大きいと答えるでしょう。対比型にすることで「悲しさ」の質だけでなく、エルフとどのように関わってきていたのかも違いが明らかになります。題名にもつながる「ずうっと、大すきだよ」という言葉の大切さも可視化しましょう。

論理的思考力を育てるポイント

関連付け

基本的な思考は気持ちの「比較」から始まりますが、最終的には「ぼく―家族」の行動と気持ちを関連付けて考える力を育てます。エルフとの生前の関わりが深かったからこそ、悲しみが少し楽になったというつながりに気付かせたいところです。

板書プロセス図

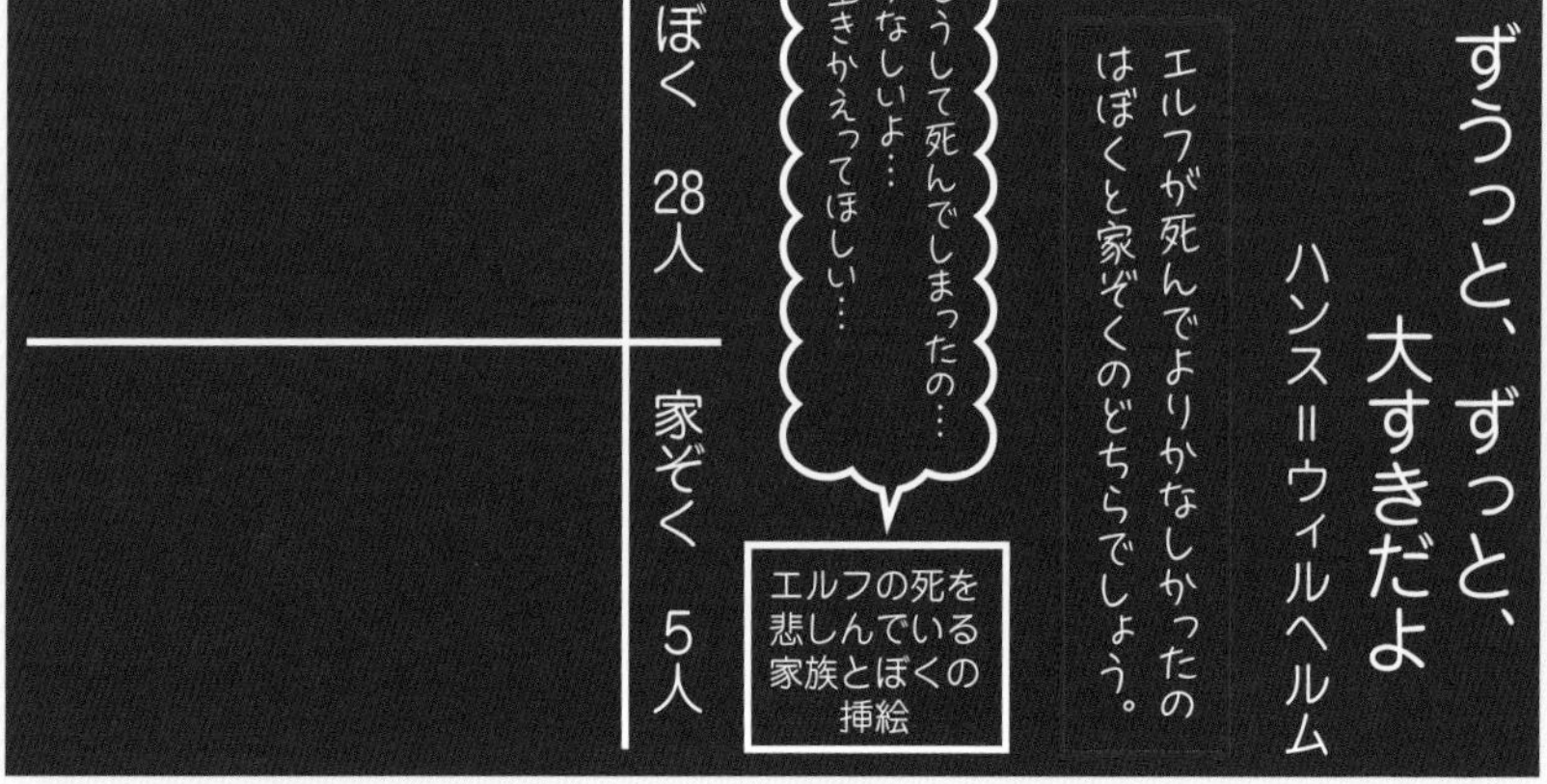

ずうっと、ずっと、大すきだよ
ハンス＝ウィルヘルム
エルフが死んでよりかなしかったのはぼくと家ぞくのどちらでしょう。
どうして死んでしまったの…
かなしいよ…
生きかえってほしい…
エルフの死を悲しんでいる家族とぼくの挿絵
ぼく　28人
家ぞく　5人

1 問題意識の醸成

エルフが死んだ場面の挿絵を見せて、どんな声が聞こえてくるか想像しましょう。

T この挿絵から誰のどんな声が聞こえてきますか？

C 妹が「どうして死んじゃったの」って言っている。

今日の課題に向けて、場面の様子を具体的にイメージできるように吹き出しを見せて考えさせます。

2 学習課題の提示と個人思考

> エルフが死んでより悲しかったのは、ぼくと家族のどちらでしょう？

C わたしは（　　　）の方が悲しかったと思います。なぜなら、……からです。

Check 3 考えの交流

板書プロセス図参照

C 私は「家族」かな。普段の関わりが少なかったからこそ、もっと一緒にいたかったんじゃないかな。

C 私は「ぼく」だと思う。だって、ずっとエルフのことを大切

POINT 1

おそらく「家族」を選ぶ子たちが少数派になります。今回は、少数派から意見を発表させましょう。それぞれの立場におけるエルフとの関わりを板書で整理しながら、「悲しさ」にどのようにつながっているのかを可視化します。「ぼく」がエルフと過ごした時間の長さにも注目させます。

POINT 2

「ぼく」と「家族」との一番の大きな違いは「ずうっと、大すきだよ」と言ってあげていたことです。この言葉があったからこそ「ぼく」の悲しさはいくらか和らいだことが読み取れます。悲しみの中にある「温かさ」を可視化しましょう。

にお世話してきたんだもん。

C 「ぼく」だと思う。毎日一緒にいたんだもんね。

POINT 1

エルフとのどのような関わりがそれぞれの「悲しさ」につながるのかを可視化します。

4 思考の深化

考えを深めるための補助発問

挿絵を見るとぼくはちょっと離れているけれど、エルフへの思いがあまりなかったのかな?

C 違うよ。家族とは違うって感じていたんじゃない?

C 「ずうっと、大すきだよ。」って伝えていたもんね。

POINT 2

「ぼく」と「家族」の悲しさにはちょっとした違いがあることに気付かせます。

5 学習のまとめ・振り返り

T 今日は、エルフが死んでしまった「悲しさ」について話し合いました。ぼくがエルフにかけていた言葉の大切さにも気付くことができましたね。

「ふきのとう」（光村図書 2年） 3／9時

【本時のねらい】春の訪れについて話し合うことを通して、場面の変化や作品のしかけについて考えることができる。

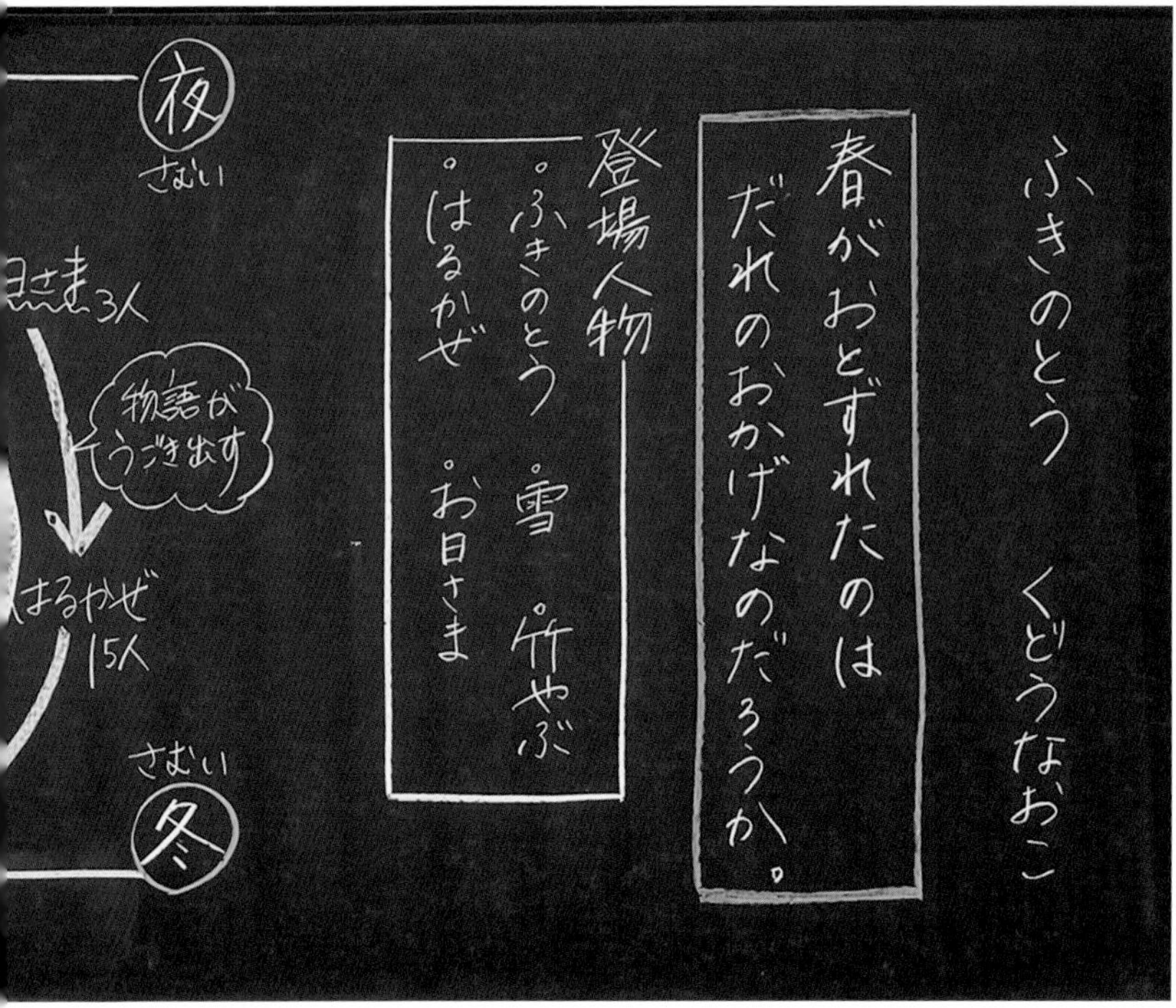
ふきのとう くどうなおこ
春がおとずれたのは だれのおかげなのだろうか。
登場人物
・ふきのとう ・雪 ・竹やぶ
・はるかぜ ・お日さま
夜
さむい
日さま3人
物語がうごき出す
はるかぜ 15人
さむい
冬

身に付けさせたい読みの力

●場面の変化、作品のしかけ

教材の特性

この物語は大きく二つの変化が描かれています。まず一つは、作品冒頭の「夜から朝への変化」です。そして、もう一つは「冬から春への変化」です。この二つはいずれも「寒さから暖かさ」へと変化します。この共通点を押さえることで作品全体を俯瞰して読むことができます。

そして、この作品のもう一つのおもしろさは「つながり」です。登場人物の行動がつながっていくことで春が訪れます。ふきのとうが「もっこり」と顔を出すまでの因果関係が「次はどうなるのかな？」と物語を読み進める上

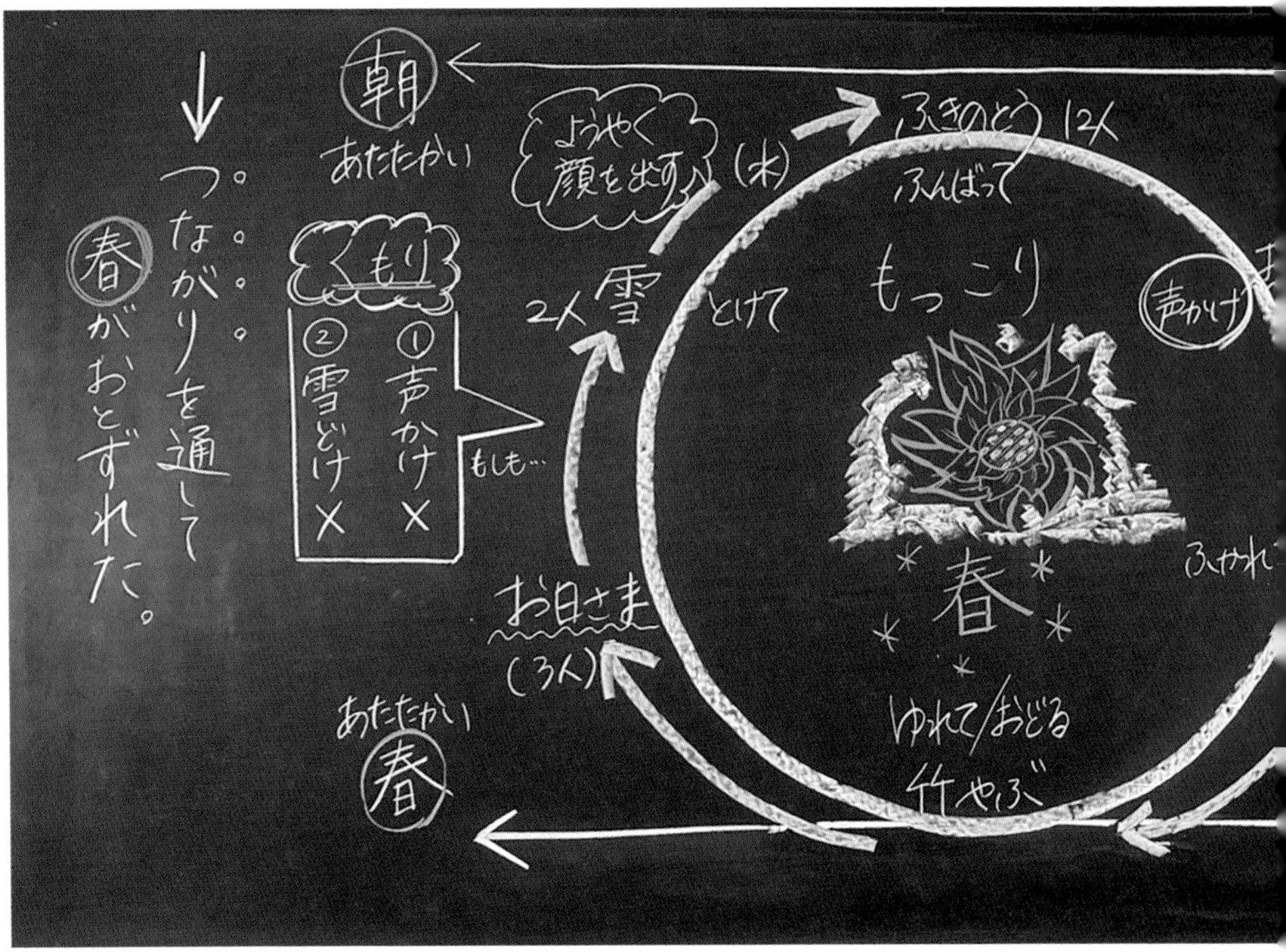

でのおもしろさになっています。

立体型板書のポイント

教材の特性でもある「つながり」を循環型の板書で可視化します。

授業序盤で登場人物を確認した後、物語全体における「二つの変化」を押さえましょう。その一つである「春」への変化をキーワードにして学習課題を提示します。春の訪れにそれぞれの登場人物が関連付いていく「作品のしかけ」を浮かび上がらせましょう。

論理的思考力を育てるポイント

関連付け

お日様が春風に声をかける部分からふきのとうが「もっこり」と顔を出すまでのつながりが論理的思考力を鍛えます。この春の訪れまでの因果関係を捉えることで作品全体を視野に入れた読み方を身に付けることができます。

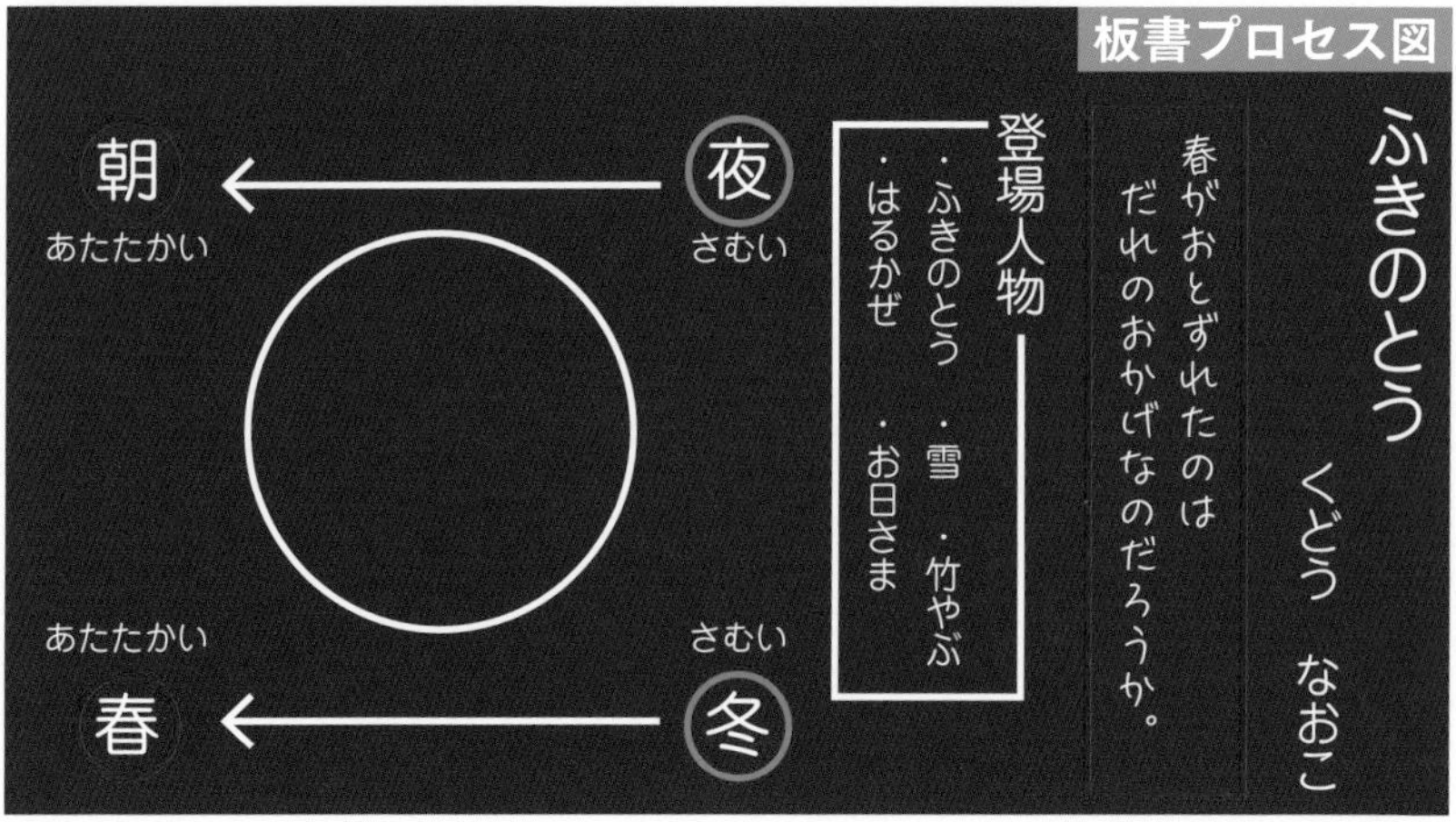
板書プロセス図
ふきのとう
くどう　なおこ
春がおとずれたのは
だれのおかげなのだろうか。
登場人物
・ふきのとう　・雪　・竹やぶ
・はるかぜ　・お日さま
夜
さむい
朝
あたたかい
冬
さむい
春
あたたかい

Check

1 問題意識の醸成

板書プロセス図参照

「○○は何だ」クイズで思考の素地を整えます。

T この物語は「○○から○○へ」大きく二つのことが変化します。「○○」の中には何が入るでしょうか？

C 「夜から朝」と「冬から春」です。

POINT 1 物語における大きな二つの変化と登場人物を確認します。

2 学習課題の提示と個人思考

「春」が訪れたのは誰のおかげなのでしょうか？

C わたしは（　　　　）のおかげだと思います。なぜなら、……からです。

3 考えの交流

C わたしは春風だと思う。春風が吹いたからみんなが動き出したんだと思うよ。

C お日さまだと思う。春風に声をかけたから。

C 雪じゃないかな。雪が溶けてやっとふきのとうが「もっこり」っ

POINT 1

学習課題へとつながる思考の整理を行います。クイズ形式で楽しみながら物語中の変化を確認します。大きな円を用いてこの物語は「冬→春」への変化に焦点化されたものであることを確認しましょう。また、登場人物の確認を行いますが、ここではまだ円の中には配置せず、次の「考えの交流」の場面で徐々に配置しましょう。

POINT 2

ここまでの話合いを通してある程度明らかになった「春」までのつながりにゆさぶり発問を投げかけることで思考を深めましょう。曇りだったら、「お日さまの言動」がなくなるため、ストーリーが始まらないという気付きを可視化します。

てできて、春がきたから。

それぞれの登場人物のどんな言動が「春の訪れ」につながったのかを丁寧に確認し板書します。すべてが因果関係でつながっていることに気付かせましょう。

4 思考の深化

考えを深めるための補助発問

もしも、この日が曇りだったらどうなっていたと思いますか？

C えー。春風に誰が声をかけるの？

C 確かに、この「つながり」の最初がいなくなっちゃうよね。来年は曇りだったらどうするんだろう……。

POINT 2

これまで当たり前とされていた作品の設定にゆさぶりをかけます。循環型の板書を生かし、このループは毎年訪れることも確認しましょう。

5 学習のまとめ・振り返り

T それぞれの登場人物の言葉や行動がつながることで春がやってきたことがよく分かりましたね。

「スイミー」

（光村図書 2年） 2／9時

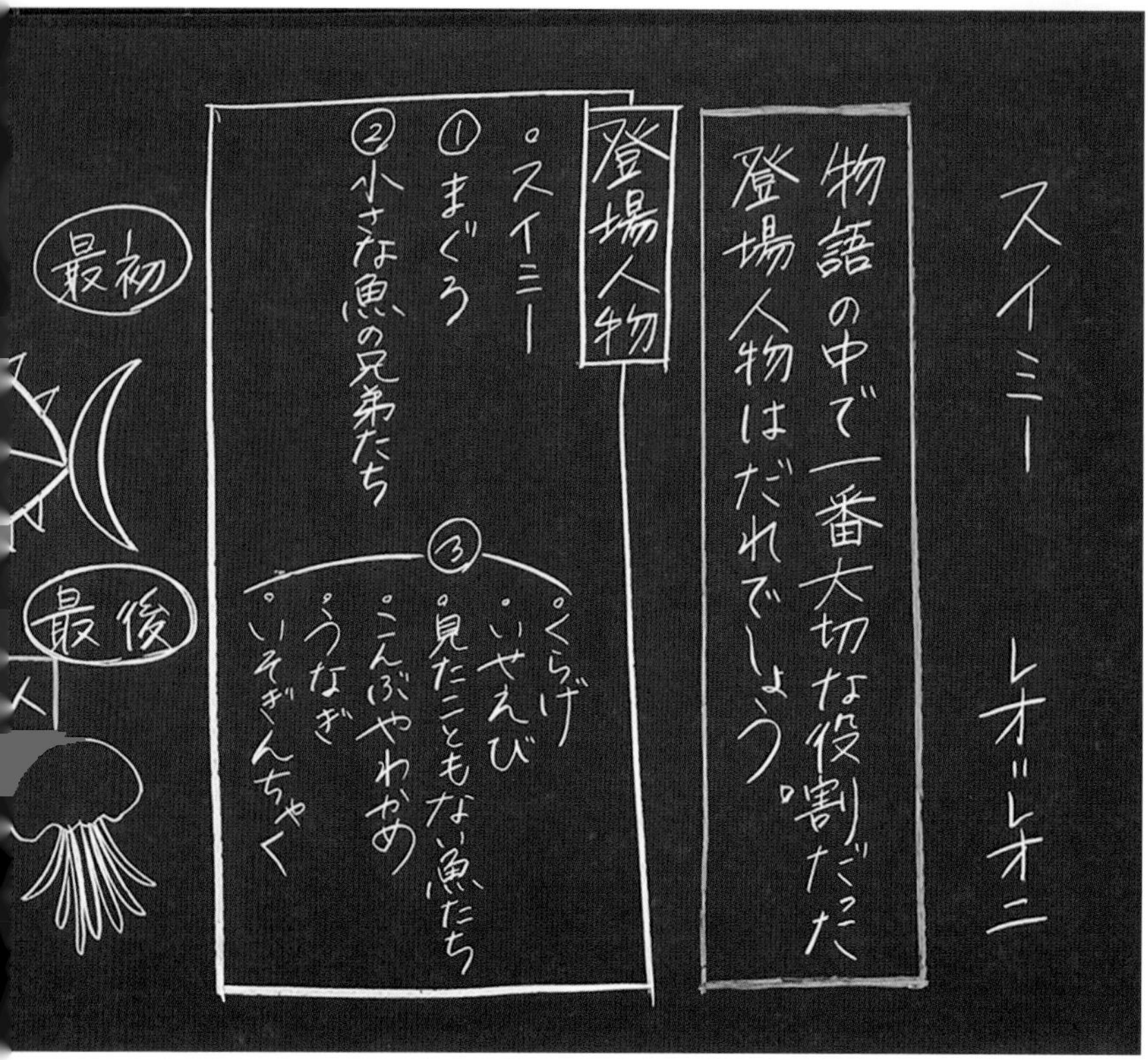
スイミー
レオ＝レオニ
物語の中で一番大切な役割だった登場人物はだれでしょう。
登場人物
・スイミー
①まぐろ
②小さな魚の兄弟たち
③
・くらげ
・いせえび
・見たこともない魚たち
・こんぶやわかめ
・うなぎ
・いそぎんちゃく
最初
最後

【本時のねらい】登場人物の役割について話し合うことを通して、それぞれの人物の役割や関係性を捉えることができる。

身に付けさせたい読みの力

●登場人物の役割、関係性

教材の特性

主人公・スイミーの姿や行動を通して様々なメッセージを感じ取ることのできる作品です。単元の序盤であらすじや人物関係をしっかりと把握することは、その後の精査・解釈を深めるベースになります。

スイミーの心情は、「プラス↓マイナス↓プラス」と分かりやすく変容します。この変容に関わる人物の役割を「大切」という言葉を通して話し合うことで、作品全体の捉え方も深まるでしょう。

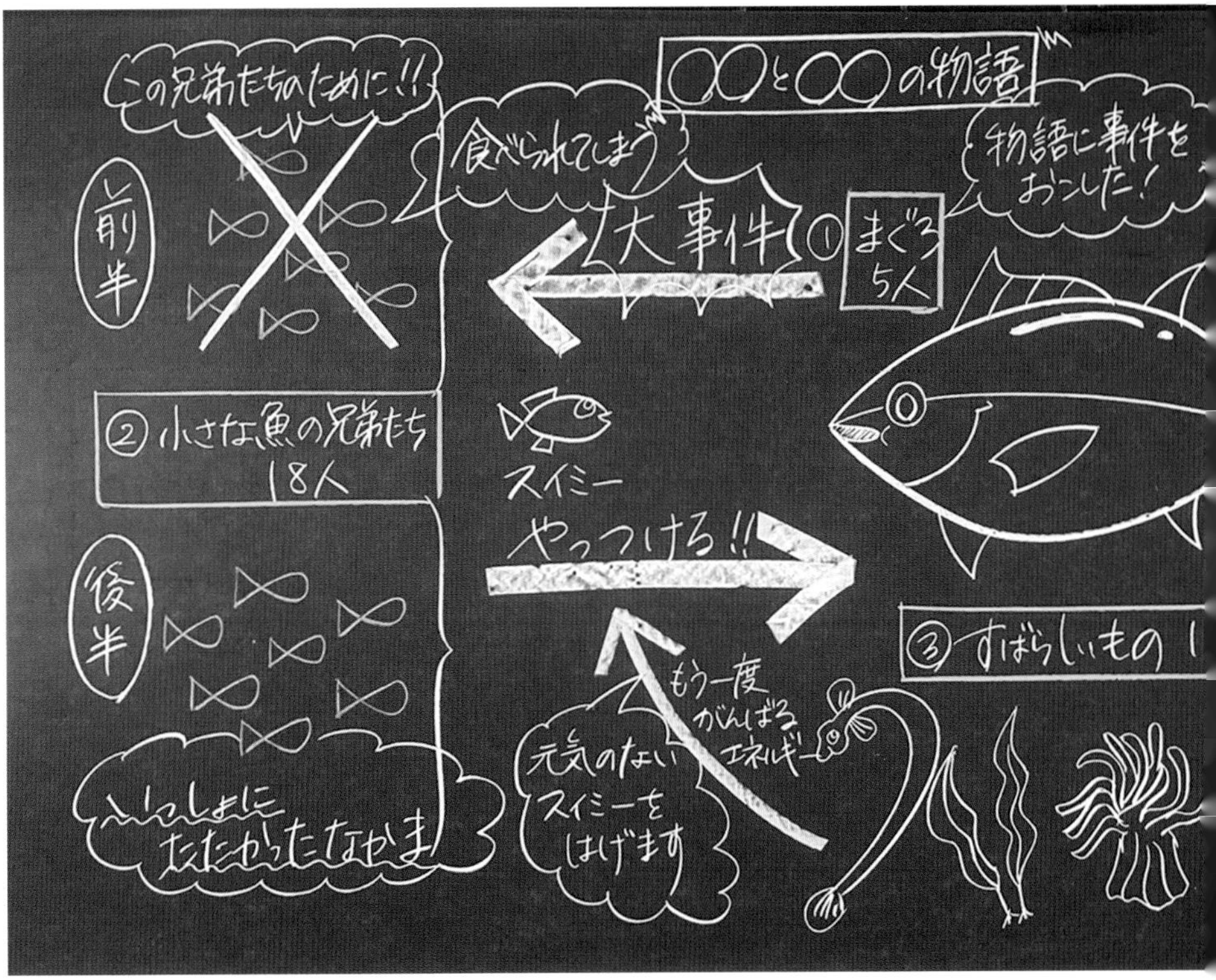

立体型板書のポイント

中心人物のスイミーと周辺人物がどのように関わっていたのかを図式化します。それぞれの人物がスイミーの心情や行動にどのような影響を与えたのか整理できます。

授業前半では「大切」という言葉の解釈を広げ、人物同士を「つなげる」意識をもちながら板書しましょう。授業後半では、広げた情報を基に焦点化します。誰に焦点化するかで物語の見方が変化することを学ぶことができます。

論理的思考力を育てるポイント

関連付け

登場人物の関係性を図式化して捉える力は、多くの発見をもたらします。この活動は、単元の序盤で扱うことで、初読の読みにおける小さな捉え方のズレを修正できる利点があり、物語のあらすじを押さえることもできます。

板書プロセス図

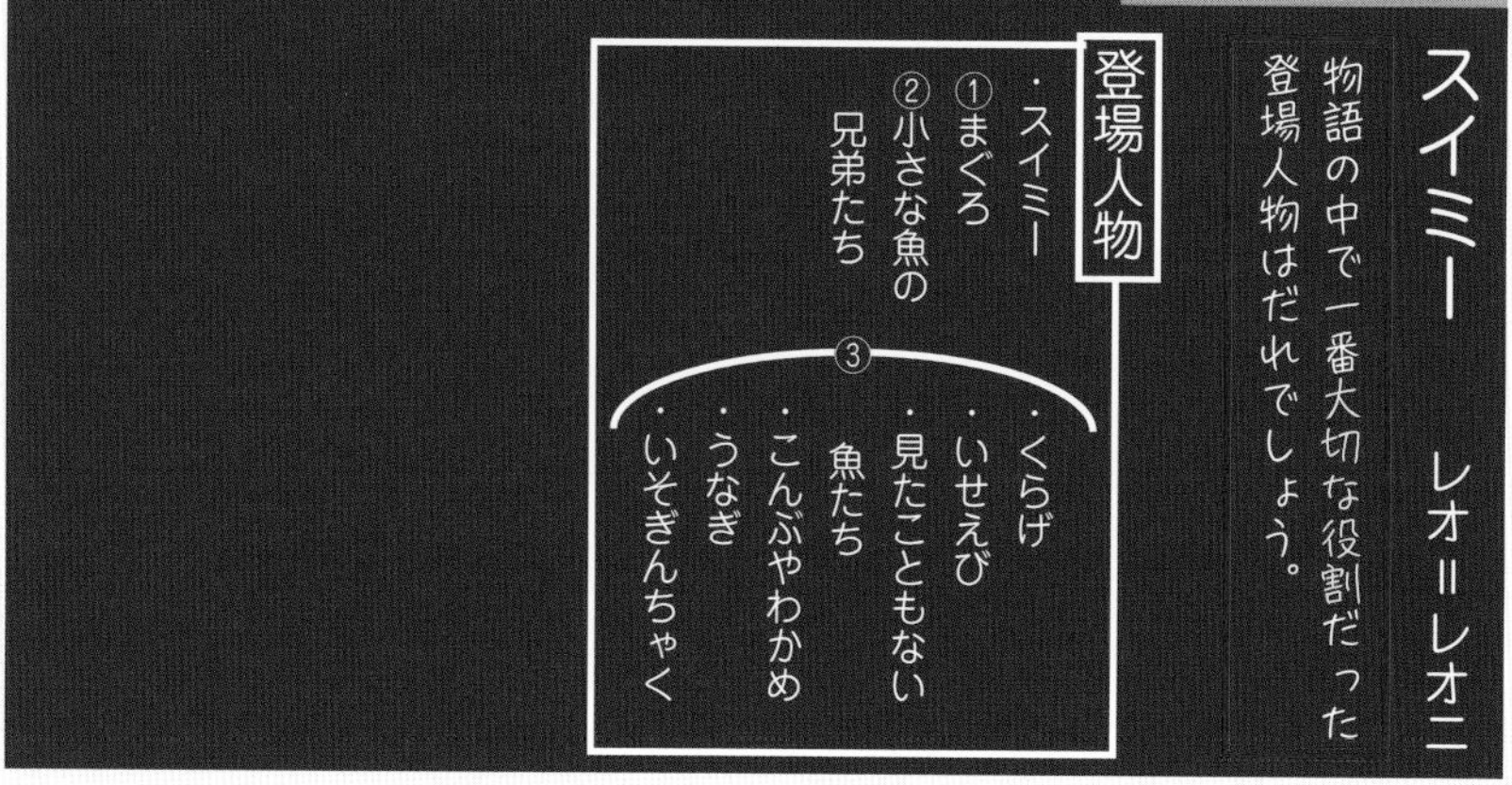
スイミー　レオ＝レオニ
物語の中で一番大切な役割だった登場人物はだれでしょう。
登場人物
・スイミー
①まぐろ
②小さな魚の兄弟たち
③
・くらげ
・いせえび
・見たこともない魚たち
・こんぶやわかめ
・うなぎ
・いそぎんちゃく

Check

1 問題意識の醸成

板書プロセス図参照

登場人物並べ替えクイズを行い、登場人物の確認を行いましょう（挿絵もしくは短冊を用意します）。

T これらの登場人物を登場した順に並べ替えましょう。

C 途中が難しいな……。

POINT 1 クイズ形式で楽しみながら登場人物の確認を行います。

2 学習課題の提示と個人思考

物語の中で一番大切な役割だった登場人物は誰でしょう？（三択）

わたしは（　　）が一番大切だと思います。なぜなら、……からです。

3 考えの交流

C わたしは、「まぐろ」です。まぐろがいなかったら事件が起こらなかったからです。

C 「小さな魚の兄弟たち」だと思う。スイミーが頑張れたのはこの兄弟たちがいたからだと思う。

C 海にいた「すばらしいもの」です。スイミーが元気を取り戻したのは、たくさんのすばらしいもののおかげだから。

「大切」という言葉の解釈を交流することで、スイミーにどのような影響を与えた人物だったのかを整理しましょう。

4 思考の深化

考えを深めるための補助発問

この物語は「〇〇と〇〇の物語」と表すとすれば、〇〇には誰を入れますか？

C 「スイミーとまぐろの物語」です。
C 「スイミーと兄弟たちの物語」です。

POINT 2 登場人物を選択させることで物語の捉え方を一言で表現させます。選択した理由も尋ねましょう。

5 学習のまとめ・振り返り

T 登場人物の関係性や捉え方で物語をいろいろな見方で捉えることができるのですね。

POINT 1

前時の復習を兼ねて登場人物の確認をします。登場した順に並べることでストーリーの流れも復習できます。また、「まぐろ」は二度登場することや「兄弟たち」は前後で違う魚たちであることもここで確認しましょう。

POINT 2

これまで整理した人物関係をさらに深める発問です。多くの子どもが一つは「スイミー」を選択するはずです。もう一方に誰を選択するかで物語の捉え方が変わります。「まぐろ」と捉えて困難を乗り越える物語とするか、「兄弟たち」を選択してリーダーシップの物語と捉えるかという具合に違いが生まれます。

「わたしはおねえさん」（光村図書２年）５／10時

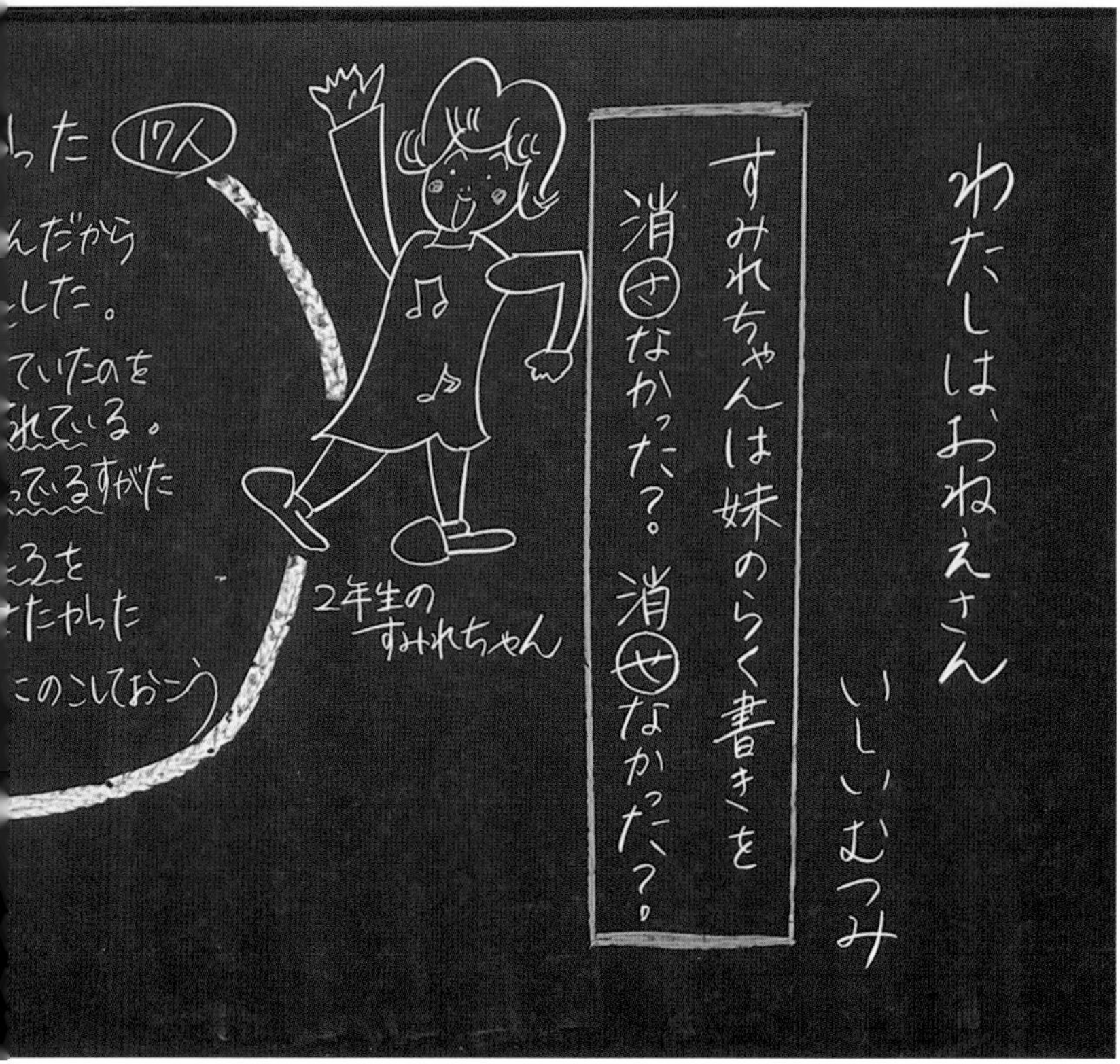
わたしは、おねえさん
いしいむつみ
すみれちゃんは妹のらく書きを
消さなかった？　消せなかった？
２年生のすみれちゃん
17人

【本時のねらい】妹の絵を消すのをやめたすみれちゃんの心情を考えることを通して、妹への思いについて考えを深めることができる。

身に付けさせたい読みの力

●中心人物の人物像

教材の特性

妹に対して優しく、しっかり者のすみれちゃん。妹のいたずら書きに葛藤しながらも、お姉さんとしてのあるべき姿を示す心温まる作品です。

庭のコスモスに水やりをしている間にちょっとした事件が発生。すみれちゃんは、妹のかりんちゃんによるいたずら書きに気付き、物語の最後に消そうとしますが、その手を止めてしまいます。このすみれちゃんの気持ちは子どもたちと読み取りたい部分です。

すみれちゃんの成長と、クライマックス場面の葛藤を読み取り、作品を味わいましょう。

ベン図型「わたしはおねえさん」

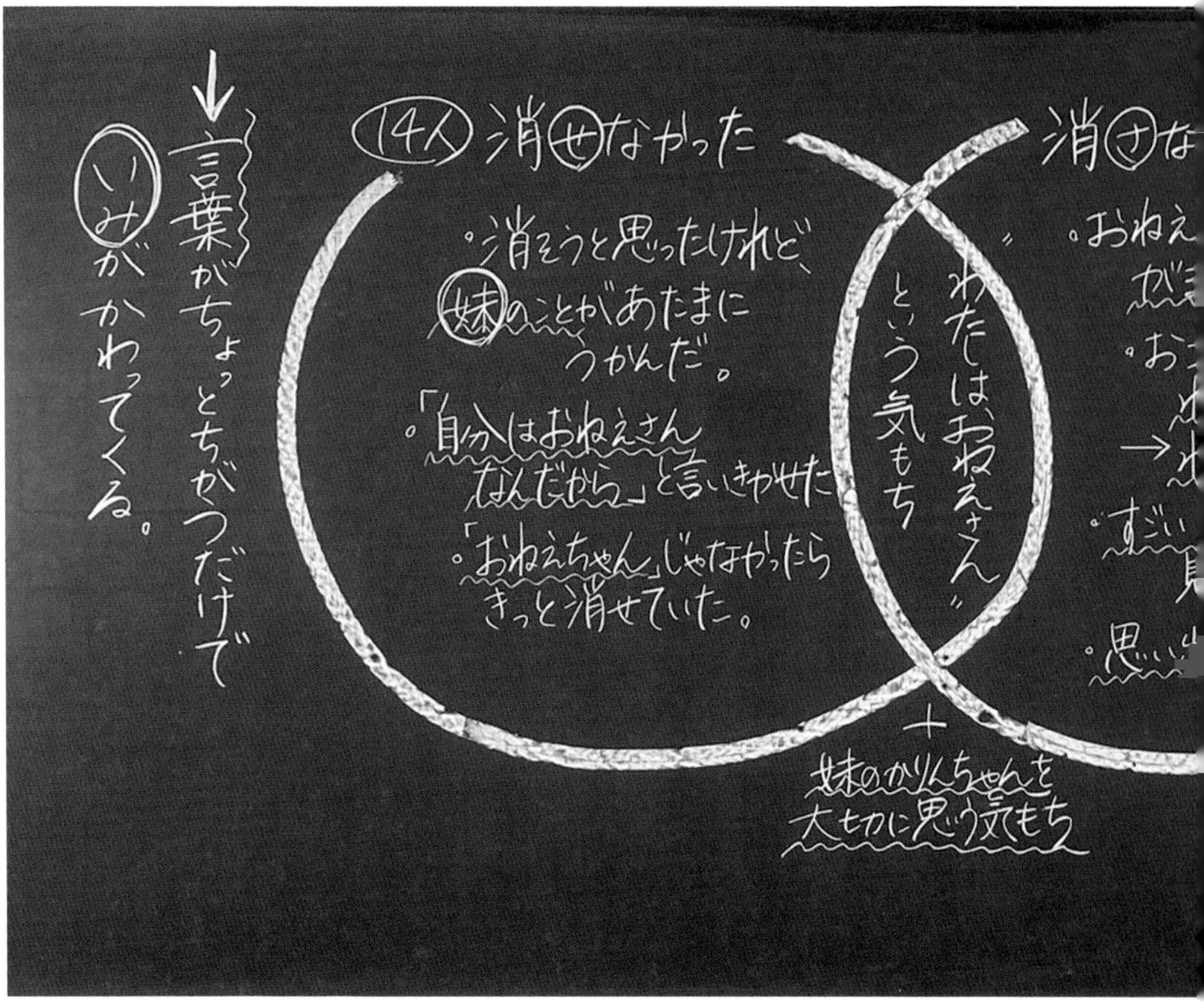

言葉がちょっとちがっただけで
いみがかわってくる。
14人 消せなかった
・消そうと思ったけれど、
妹のことがあたまに
うかんだ。
・「自分はおねえさん
なんだから」と言いきかせた
・「おねえちゃん」じゃなかったら
きっと消せていた。
〝わたしは、おねえさん〟
という気もち
+
妹のかりんちゃんを
大切に思う気もち

立体型板書のポイント

ベン図を用いることで、「消さなかった」と「消せなかった」という微妙なニュアンスの違いを可視化すると共に、真ん中には、共通項を見出せるようにします。

最初は、枠を付けずに左右に分けて違いを中心に子どもたちの発言を整理します。授業後半でベン図の枠を書き入れることで、共通する部分に思考が焦点化されるようにしましょう。

論理的思考力を育てるポイント

比較・分類

一見、同じように見える言葉を比較することで、「言葉を大切にする学び」へと向かうことができます。たった一文字の違いですが、そのニュアンスを丁寧に考えると、文章には書かれていない姉としてのかりんちゃんの思いを読み取ることにつながります。

板書プロセス図

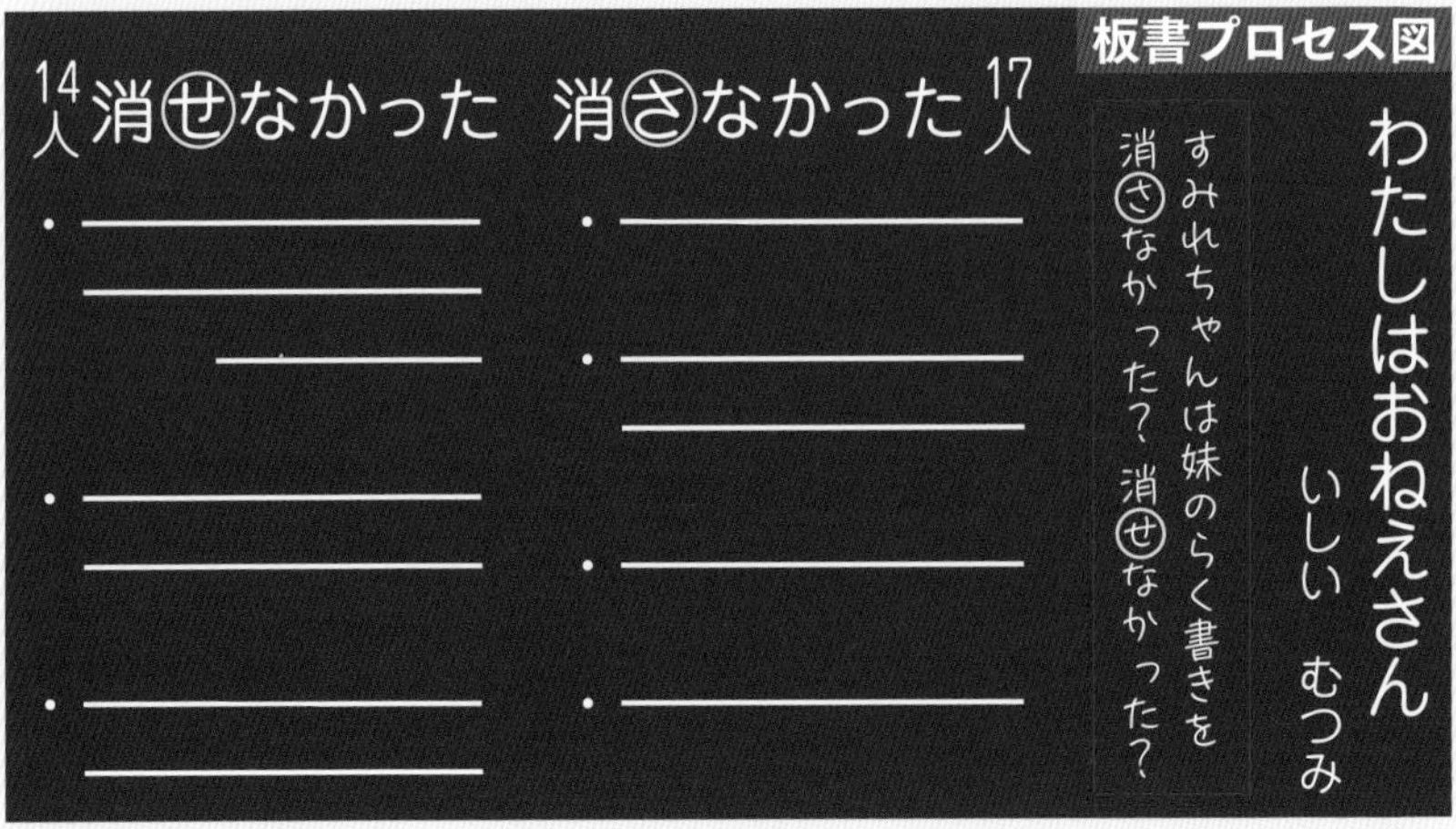

1 問題意識の醸成

学習課題につながるような「一文字違いの言葉」を例に言葉の意味を考えます。

T 「行かなかった」と「行けなかった」はどう違いますか？

C 「行けなかった」は、行こうと思ったけれど行くことができなかったのだと思う。

いくつかの言葉を例示することで学習課題の理解がスムーズにできるようにしましょう。

2 学習課題の提示と個人思考

> すみれちゃんは妹の落書きを消さなかったのかな？　それとも、消せなかったのかな？

C わたしは（　　　　）と思います。なぜなら、……からです。

Check

3 考えの交流

板書プロセス図参照

C 「消さなかった」と思う。おねえさんだから我慢したと思う。

C 私も「消さなかった」と思う。もう怒っているのも忘れていたんじゃないかな。その前で笑っていたし。

POINT 1
授業前半では、ベン図の枠を示さず、左右に分けた形で二つの言葉を比較します。子どもたちが二つの言葉をどのように解釈しているか丁寧に整理しましょう。特に「消せなかった」という心の葛藤を引き出しながら話合いで読みを深めましょう。

POINT 2
二つの言葉について十分に議論できたタイミングでベン図の線を書き込みます。これまでの話合いで明らかになった違いを確認すると共に共通点に焦点化します。共通点を考えることで、すみれちゃんが消しゴムで消すのをやめた思いについてもう一歩深く迫りましょう。

C 「消せなかった」んじゃないかな。消そうと思ったけれど、妹のことが大切だからって。

POINT 1
二つの言葉を比較することで、すみれちゃんの思いについて丁寧に話し合いましょう。

4 思考の深化

考えを深めるための補助発問

二つの言葉の違いだけでなく共通するすみれちゃんの思いは何でしょうか？

C 妹のかりんちゃんを大切にする心かな。
C お姉ちゃんとして、しっかりしなきゃという気持ち。

POINT 2
ベン図を書きこむことによって、共通点に焦点化し、すみれちゃんの妹への思いを考えます。

5 学習のまとめ・振り返り

T 言葉は一文字違うだけでも伝わり方も違うことがよく分かりました。すみれちゃんの妹への思いを知り、どんなお姉ちゃんだったかがよく分かりましたね。

▼ベン図型

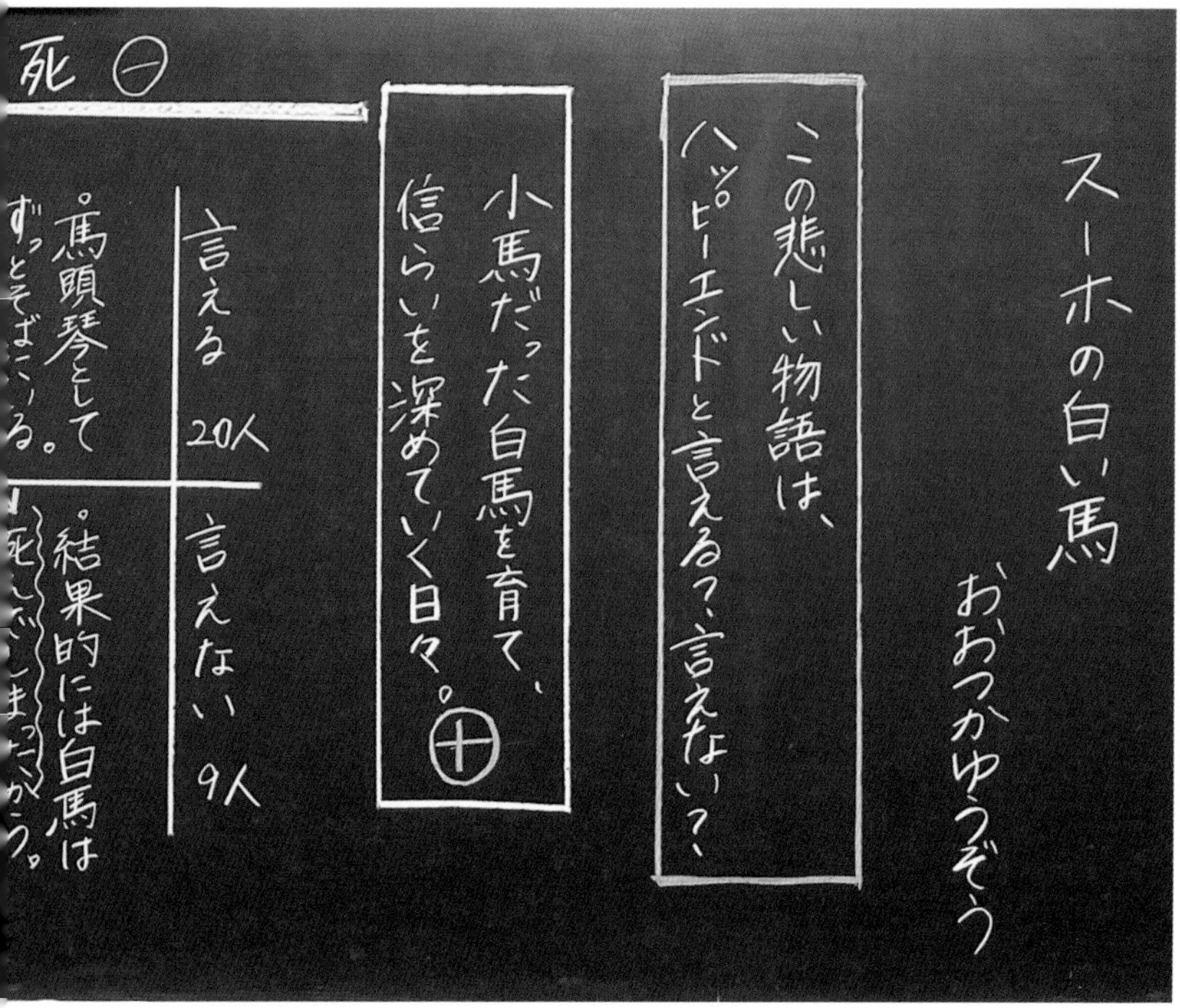

「スーホの白い馬」

（光村図書 2年） 7／14時

【本時のねらい】物語の結末について話し合うことを通して、中心人物の変容を捉えることができる。

身に付けさせたい読みの力

●中心人物の変容、物語の結末

■教材の特性

低学年の最後の読み物教材として配置され、中学年の文学世界への橋渡しとなる作品です。クライマックス場面の馬頭琴を奏でるスーホの姿をどのように解釈するかで読みの深まりが変わってきます。

大切に育ててきた白馬は殿様によって傷付けられ、死を迎えます。スーホはこの出来事を夢の中の白馬の言葉によって乗り越えることができます。

白馬の死を単純にマイナスと捉えるのではなく、その悲しささえも生きるエネルギーへと転換したスーホの心の強さに迫りましょう。

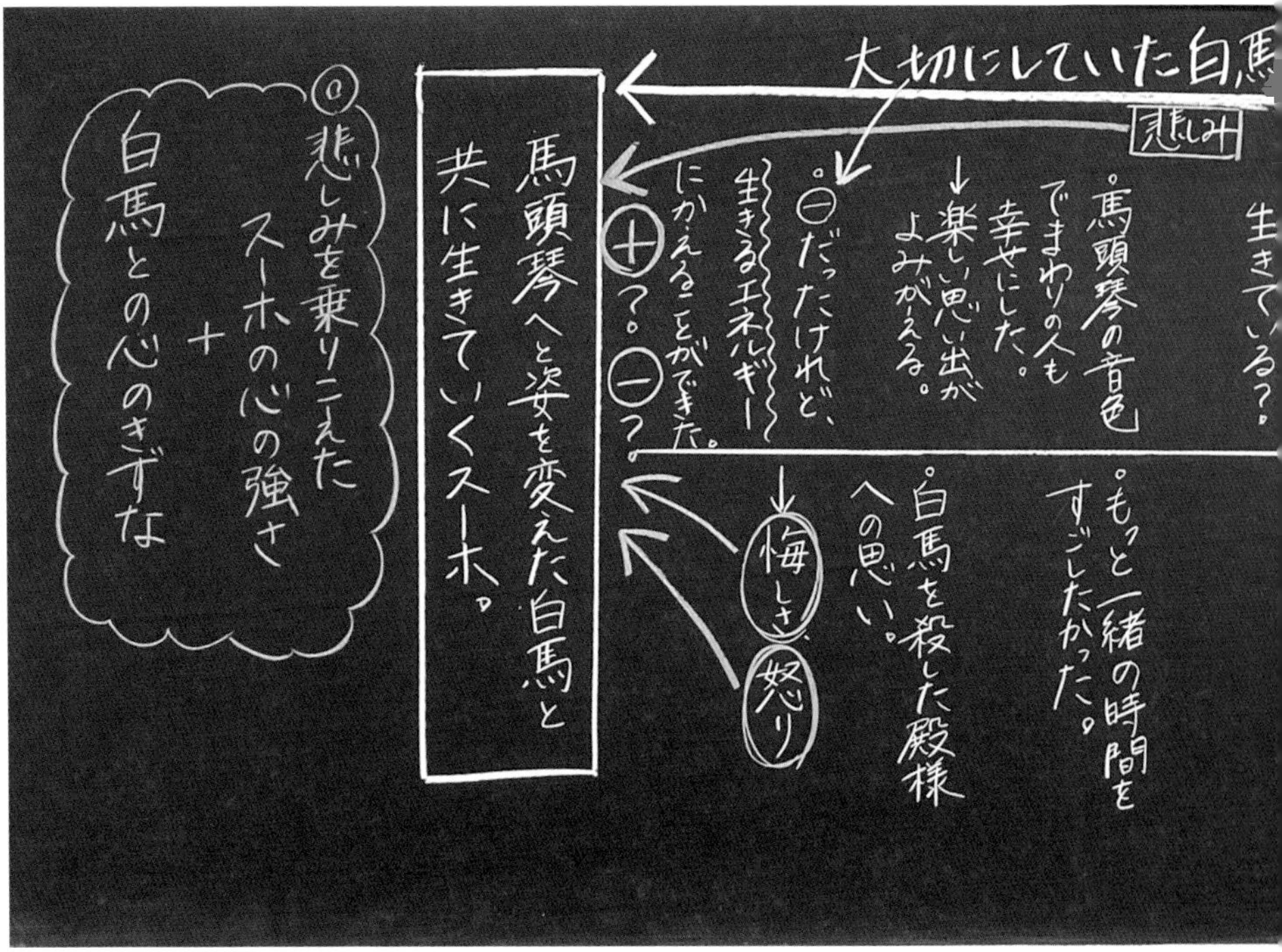

立体型板書のポイント

スーホの周りで起こった環境の変化とスーホの心情の変化を関連付けて可視化できる板書を意識しましょう。

白馬の死をどのように扱うかが思考のポイントです。板書の左右に物語の前半・後半のスーホを表し、白馬の死を中心に配置することでその解釈を議論できる板書にします。物語の結末に焦点化しながらも全体を視野に入れた読みを引き出します。

論理的思考力を育てるポイント

関連付け

中心人物の変容を捉える時は、最初の姿と最後の姿を比較し、どのような違いがあるかを関連付けます。この教材の場合、大切な白馬の死によってマイナスの結末と捉えるか、白馬の死を乗り越えたスーホと捉えてプラスの変容と捉えるかで違いが生まれます。

板書プロセス図

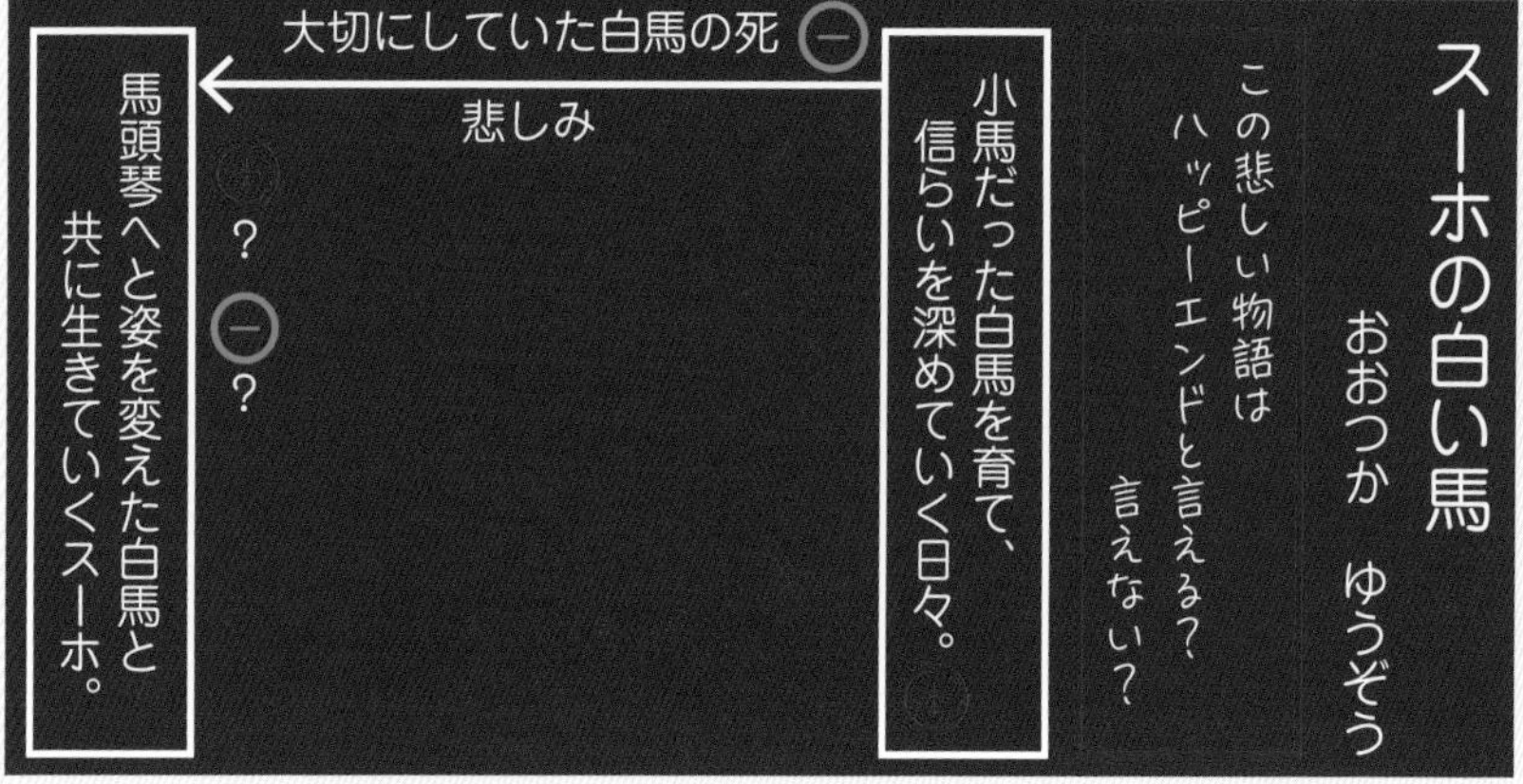
スーホの白い馬
おおつか　ゆうぞう
この悲しい物語は
ハッピーエンドと言える？
言えない？
小馬だった白馬を育て、
信らいを深めていく日々。
大切にしていた白馬の死
悲しみ
?
?
馬頭琴へと姿を変えた白馬と
共に生きていくスーホ。

Check

1 問題意識の醸成

板書プロセス図参照

これまでの授業を振り返り、物語全体の内容を確認しましょう。

T 物語の前後でスーホに変化した部分はありますか？

C スーホは白馬が死んで悲しみました。

POINT 1

物語全体を俯瞰し、スーホの変容を捉えます。その変容に影響した出来事も簡単に整理しましょう。

2 学習課題の提示と個人思考

この悲しい物語はハッピーエンドと言えますか？　言えませんか？

C わたしはハッピーエンドと（　　　）と思います。なぜなら、……からです。

3 考えの交流

C わたしは言えると思います。白馬は死んでしまったけれど馬頭琴としてスーホのそばにずっといるから。

C ぼくは言えないと思う。殿様への仕返しもできていないし悔しいと思うから。

POINT 1
物語の最初と最後を比べながら、中心人物のスーホに起こった変化を書き入れる思考の枠を用意します。これにより物語全体を視野に入れた思考ができます。殿様によって殺されてしまった白馬の存在や馬頭琴に変わったことも確認します。

POINT 2
白馬が死んでしまったことの「悲しさ」がありながらも、それを乗り越えたスーホの心の強さや白馬との絆に焦点化します。
板書では「悲しさ」や「悔しさ」等のマイナス要素に印をつけながら、それ以上にスーホと白馬の強い絆があることを可視化しましょう。

C 言えると思う。馬頭琴を奏でることで楽しい思い出も蘇るし、聴いている人を幸せな気持ちにできるから。
物語のクライマックス場面に対する解釈を交流する中で、スーホについてじっくり考えましょう。

4 思考の深化

考えを深めるための補助発問

> この物語は「悲しいけれど、ハッピーエンドな物語」と言っていいのかな？

C いいと思う。スーホと白馬はずっと一緒だから。
C わたしもいいと思う。「悲しさ」を乗り越えたスーホは、心の中でずっと白馬と話していると思うよ。

POINT 2
「悲しさ」を乗り越え、馬頭琴として生まれ変わった白馬を思うスーホについて考える時間を取ります。

5 学習のまとめ・振り返り

T 物語の結末を話し合うことで、スーホと白馬の絆をより深く感じることができましたね。

「きつつきの商売」（光村図書 3年）6／8時

［本時のねらい］第一・二場面の様子を基にして、第三場面の話を想像して考えることができる。

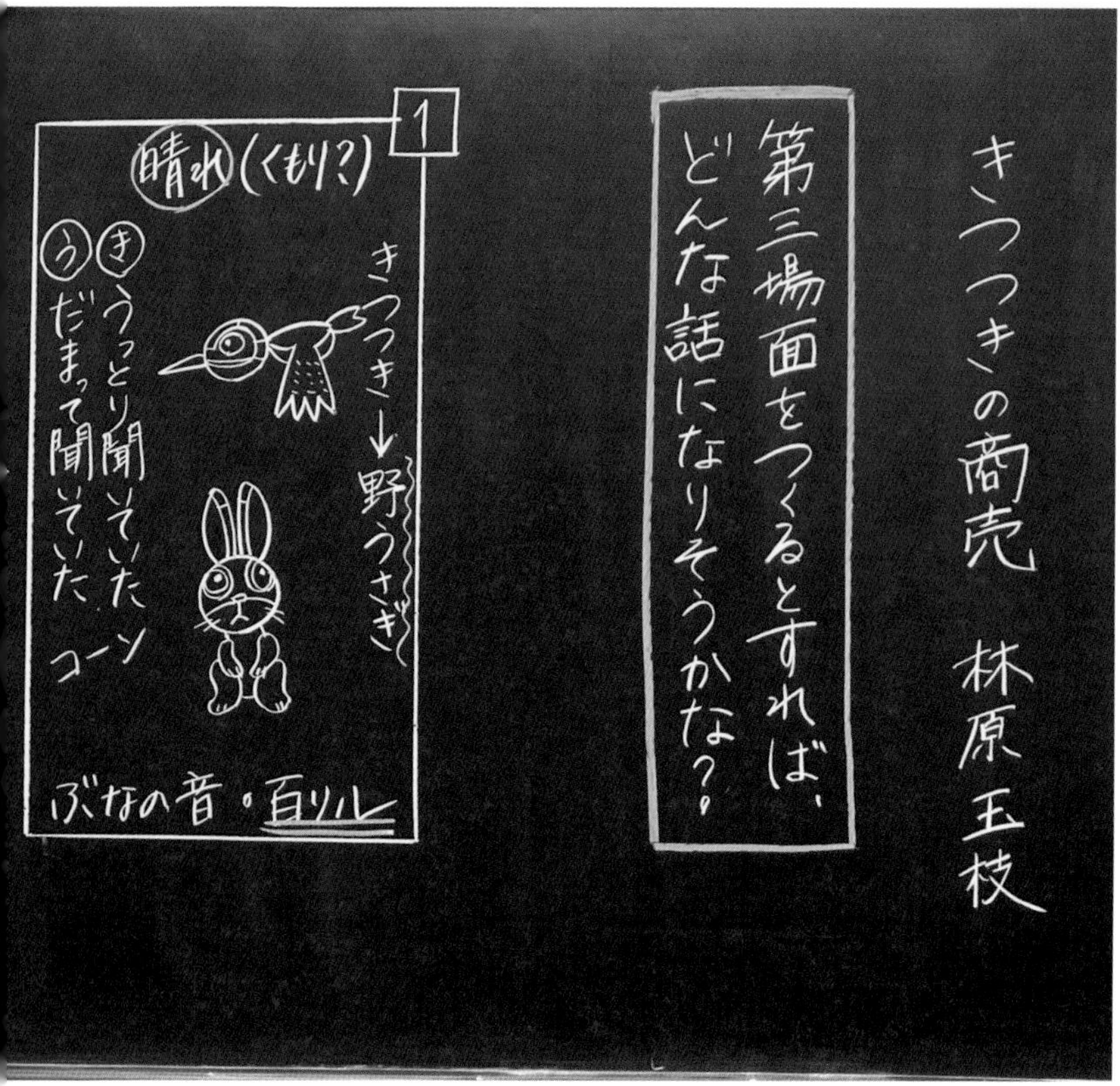
きつつきの商売　林原玉枝
第三場面をつくるとすれば、どんな話になりそうかな？
1
晴れ（くもり？）
きつつき↓野うさぎ
き うっとり聞いていた
う だまって聞いていた
コーン
ぶなの音・百リル

身に付けさせたい読みの力
●文章の構造、場面の比較

■教材の特性

教科書に掲載されている文章は、二つの場面から構成されており、観点を揃えて比較できる部分が多く存在しています。例えば、お客さん・音の値段・オノマトペ・天気などが挙げられます。

このような項目を参考にしながら、第三場面を想像するおもしろさを子どもたちに味わわせましょう。作者の林原さんの著作『森のお店やさん』（アリス館）には、この物語の第三場面が掲載されています。自分で考えた第三場面と比較しながら読み聞かせを聞かせるとよりおもしろい味わい方ができます。

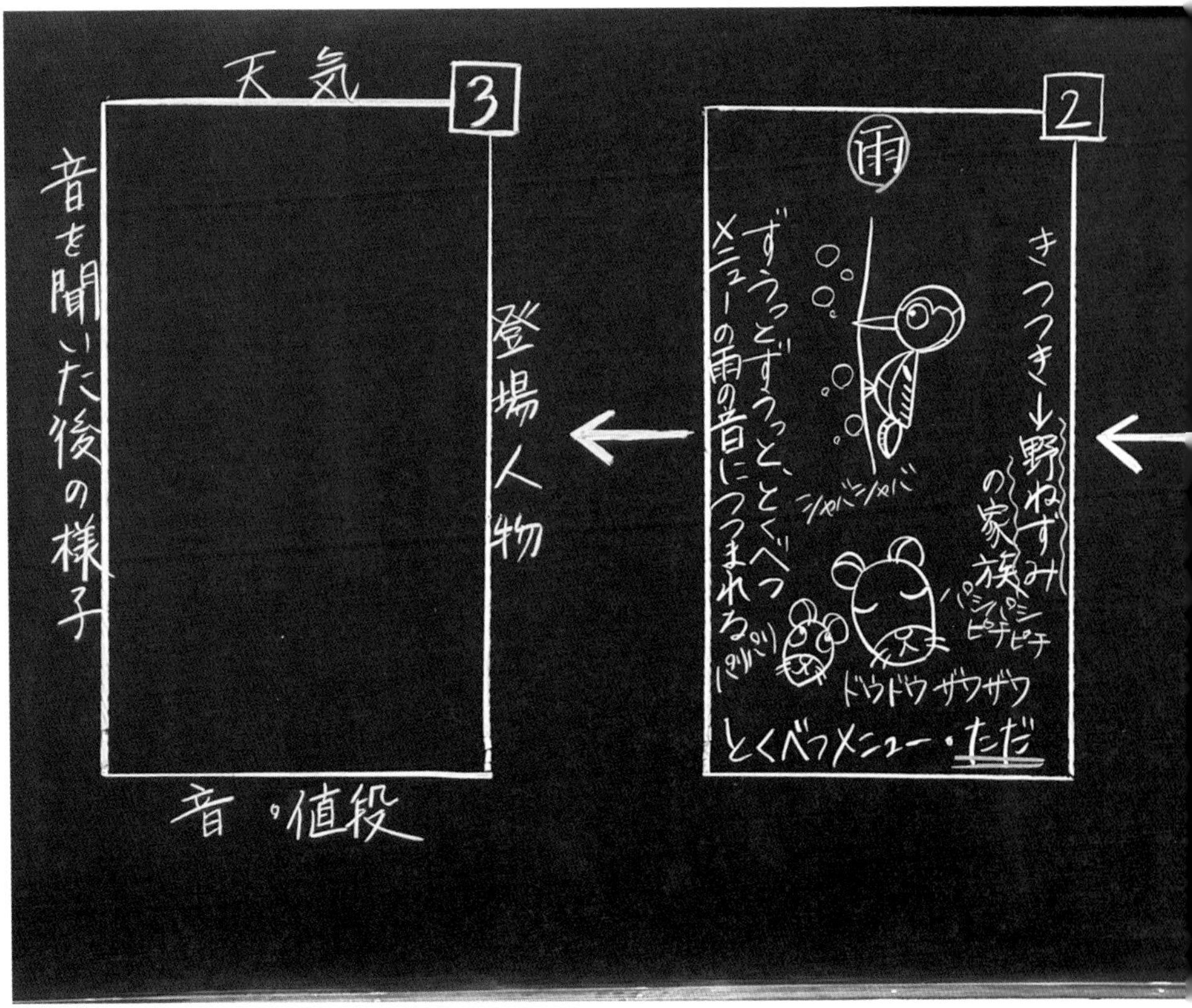

立体型板書のポイント

教科書には二場面までが掲載されているため、それぞれの場面の構成要素を視覚的に比較できるように枠を活用します。項目は、登場人物・出来事・天気・値段・音などでしょう。

作品全体の構造と場面ごとの構成を示し、第三場面へと思考をつなげます。

読み聞かせ後、板書を見ることで、多くの子どもたちが予想した内容とは違う意外な構成に気付かせることができます。

論理的思考力を育てるポイント

類推

教科書に書かれている情報から次に書かれると思われる内容を想像し、文章を組み立てる力を育てます。具体的な文章を考えるのが難しい場合は、比較対象の項目を表にして考えることのできるワークシートを用意してもよいでしょう。

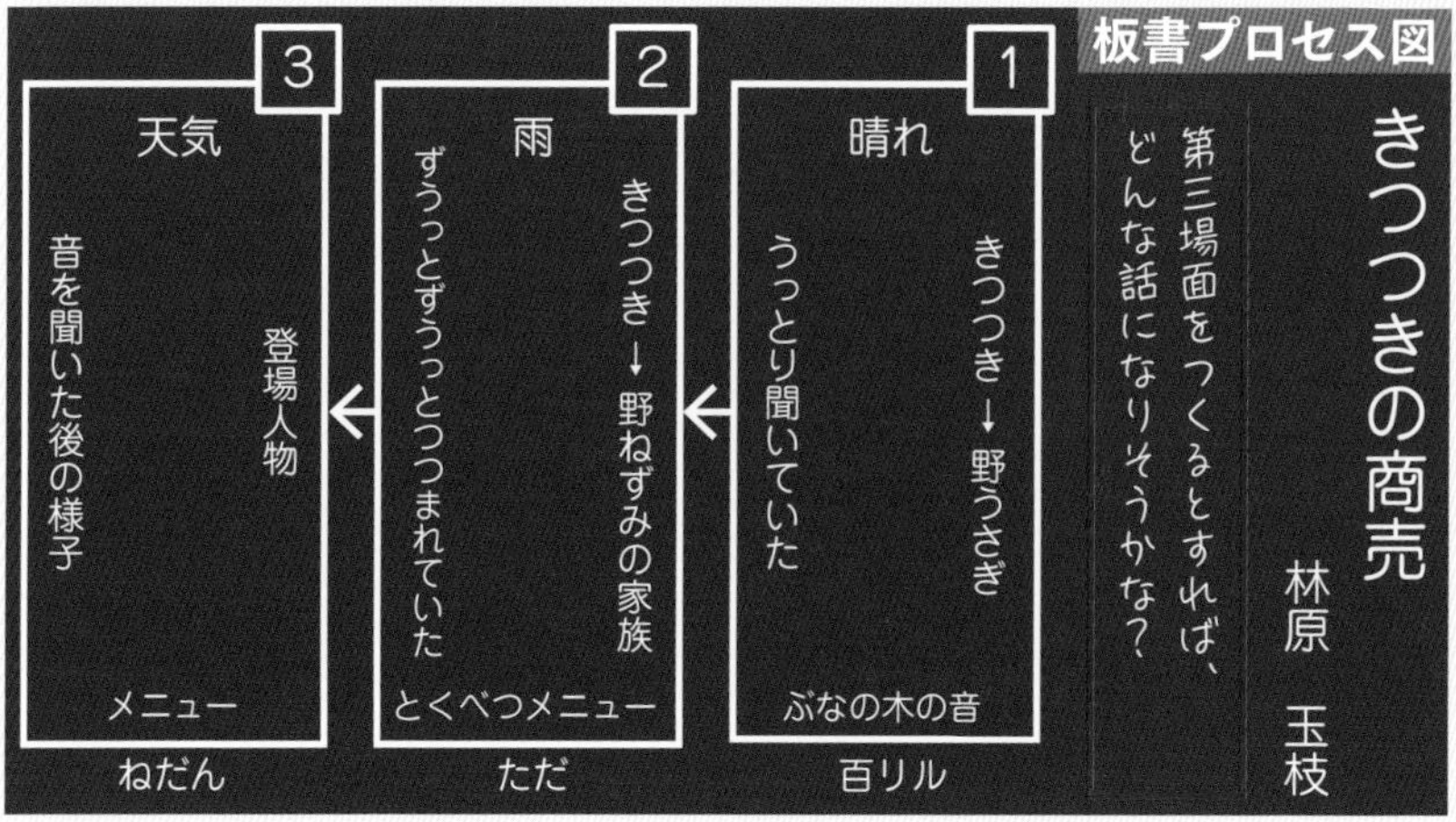
板書プロセス図
きつつきの商売
林原　玉枝
第三場面をつくるとすれば、
どんな話になりそうかな？
1
晴れ
きつつき→野うさぎ
うっとり聞いていた
ぶなの木の音
百リル
2
雨
きつつき→野ねずみの家族
ずうっとずうっとつつまれていた
とくべつメニュー
ただ
3
天気
登場人物
音を聞いた後の様子
メニュー
ねだん

Check 1 問題意識の醸成

板書プロセス図参照

これまでの学習を振り返り、一場面・二場面の文章構成を板書で整理します。

T 第一・二場面は、どんなところが似ていますか？

C お客さんとか音とかお金とかたくさん比べたよね。

POINT 1 二つの場面を「比較する」視点で整理することで、学習課題の思考のベースを整えましょう。

2 学習課題の提示と個人思考

第三場面をつくるとすれば、どんな話になりそうかな。おもしろい内容を想像しながらつくってみましょう。

3 考えの交流

C きつつきの家族が訪れてくるようにしようかな。

C 家族が訪れてくるなら、もちろん無料だね。

C 雪の降っている日の話とかどう？

C 木を突く音だけじゃなくて、雪の降っている音もオノマトペにして入れてみたらどうかな？

POINT 1

一場面と二場面の枠を先に書き込み、四つの辺ごとに項目を比較できるようにします。共通項目を可視化すると「対比のおもしろさ」を改めて確認できます。この思考のフレームをあえて使用することで、「思考の深化」の際の子どもたちの驚きを大きくすることができます。

POINT 2

読み聞かせの後に、板書に内容を書き込んでみましょう。これまでの二つの場面とは構成が変わり、その意外性に気付くことができるはずです。

この意外性の効果についても話題に挙げると、「書き手」としての視点も学ぶことができます。

C 僕は友達のきつつきと二羽で奏でる物語にしよう。

板書の枠に書かれた言葉を参考にしながら、どんな場面にするとおもしろい話になりそうか考えましょう。

4 思考の深化

考えを深めるための補助発問

これから第三場面の読み聞かせをします。自分の考えた第三場面と比べながら聞いてみましょう。(読み聞かせ)

C ええ〜。お客さんがいないよ。

C まさか、きつつきだけの話だったなんて。意外!

POINT 2

一・二場面を比較することで見えてきた項目が第三場面には当てはまらない意外性のおもしろさを味わわせましょう。

5 学習のまとめ・振り返り

T 物語は場面を同じような視点でつくるおもしろさと全く違う意外性もあることが分かりましたね。

「まいごのかぎ」

（光村図書 3年） 3／6時

［本時のねらい］りいこの驚きを比較することを通して、繰り返しの効果やりいこの変化を読み取ることができる。

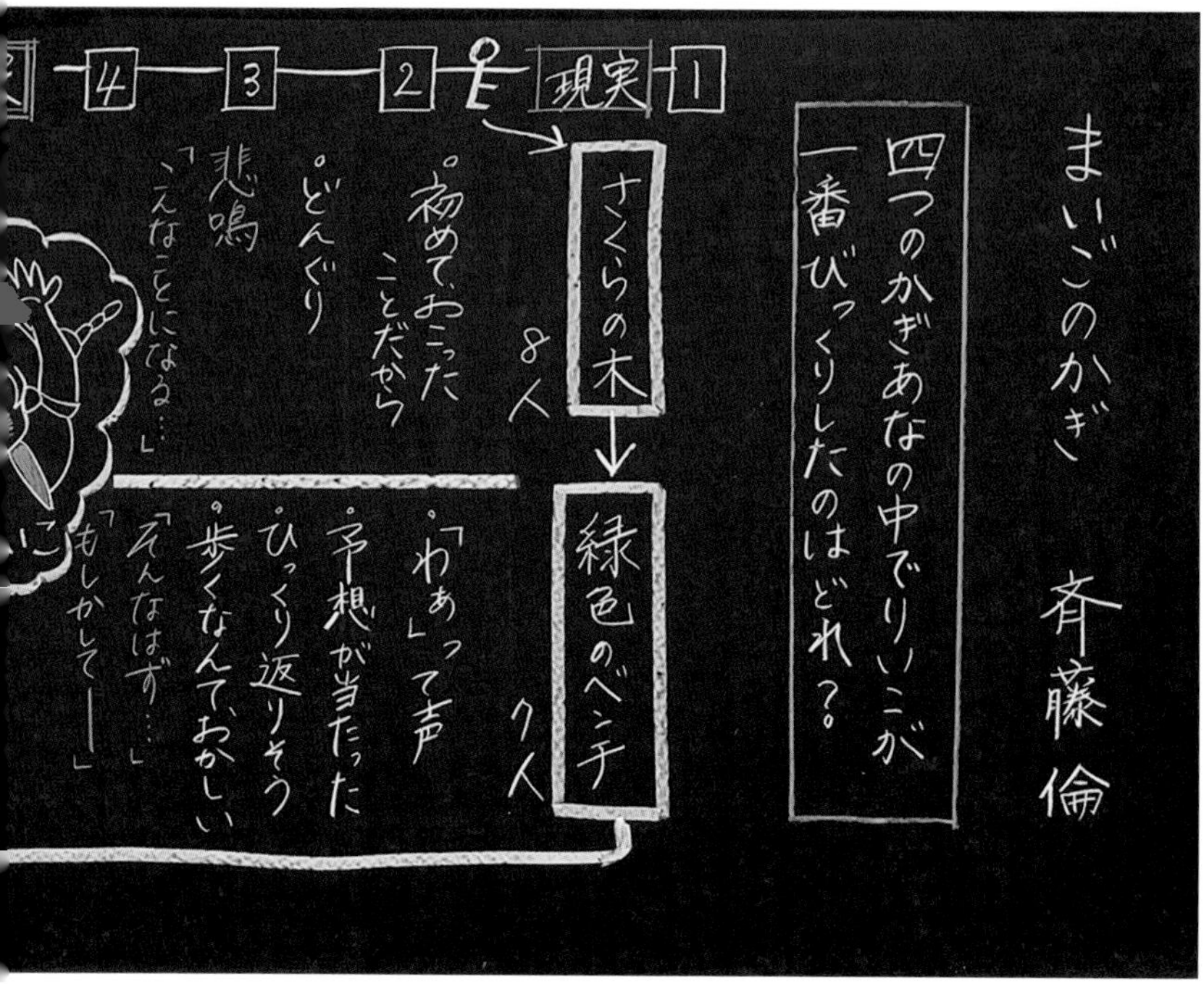
まいごのかぎ　斉藤倫
四つのかぎあなの中でりいこが一番びっくりしたのはどれ？
1
現実
2
3
4
さくらの木
8人
緑色のベンチ
7人
。初めておこったことだから
。「わあっ」て声
。予想が当たった
。どんぐり
。ひっくり返りそう
。歩くなんておかしい
悲鳴
「そんなはず…」
「こんなことになる…」
「もしかして――」

身に付けさせたい読みの力

●作品のしかけ、中心人物の変化

■教材の特性

元気のないりいこが、不思議なかぎを拾ったことで明るさを取り戻していくファンタジー作品です。四つのかぎあなにかぎを入れるたびに起こる、驚きの出来事はりいこの好奇心を引き出します。また、このくり返しの出来事によって、りいこの心も少しずつ変化していきます。

りいこの言葉や行動を根拠として、それぞれの驚きを比較することができます。マイナスからプラスへと大きく変化するりいこの心に影響を与えた非現実世界のおもしろさを読み取りながら、じっくりと味わいましょう。

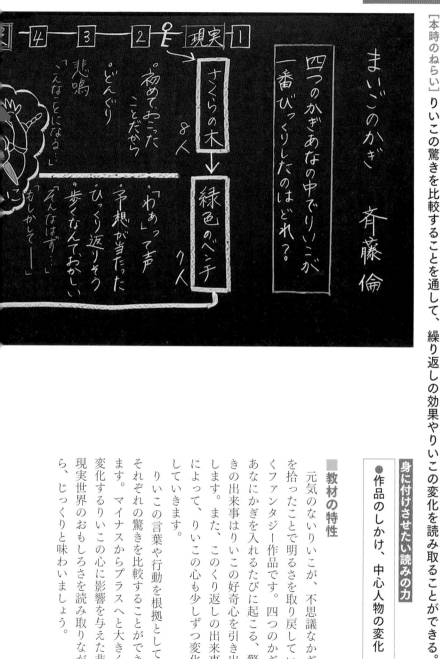

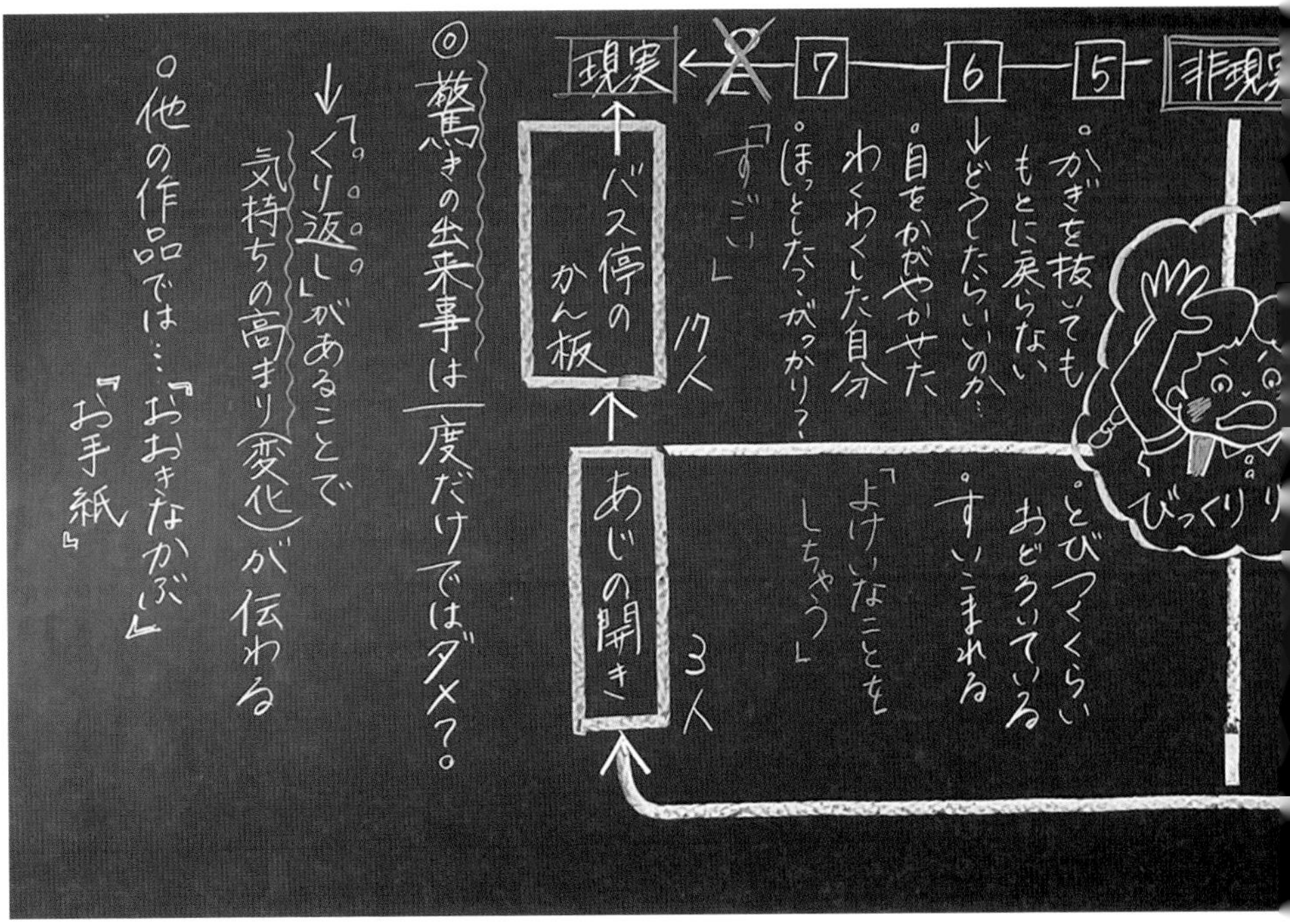
非現実
5
6
7
8
現実
。かぎを抜いても
もとに戻らない
↓どうしたらいいのか…
。目をかがやかせた
わくわくした自分
。ほっとした・がっかり?
「すごい」
17人
。とびつくくらい
おどろいている
。すいこまれる
「よけいなことを
しちゃう」
びっくり
バス停のかん板
あじの開き
3人
◎驚きの出来事は一度だけではダメ?
↓「くり返し」があることで
気持ちの高まり(変化)が伝わる
。他の作品では…『おおきなかぶ』
『お手紙』

立体型板書のポイント

「現実―非現実―現実」の構造を板書上段に埋め込むことで全体像が見えるようにします。

板書下段には、非現実での四つの出来事を配置し、出来事の順序と共に、それぞれの出来事におけるりいこの様子や気持ちの変化を記せるようにします。

文章構造や作品のしかけと物語の内容を結び付けながら、読みを深めましょう。

論理的思考力を育てるポイント

比較・分類

四つの出来事におけるりいこの驚きを比較します。「驚き」という共通項はありますが、それぞれの出来事におけるりいこの反応には違いがあります。その違いは、比較することでより明確になります。

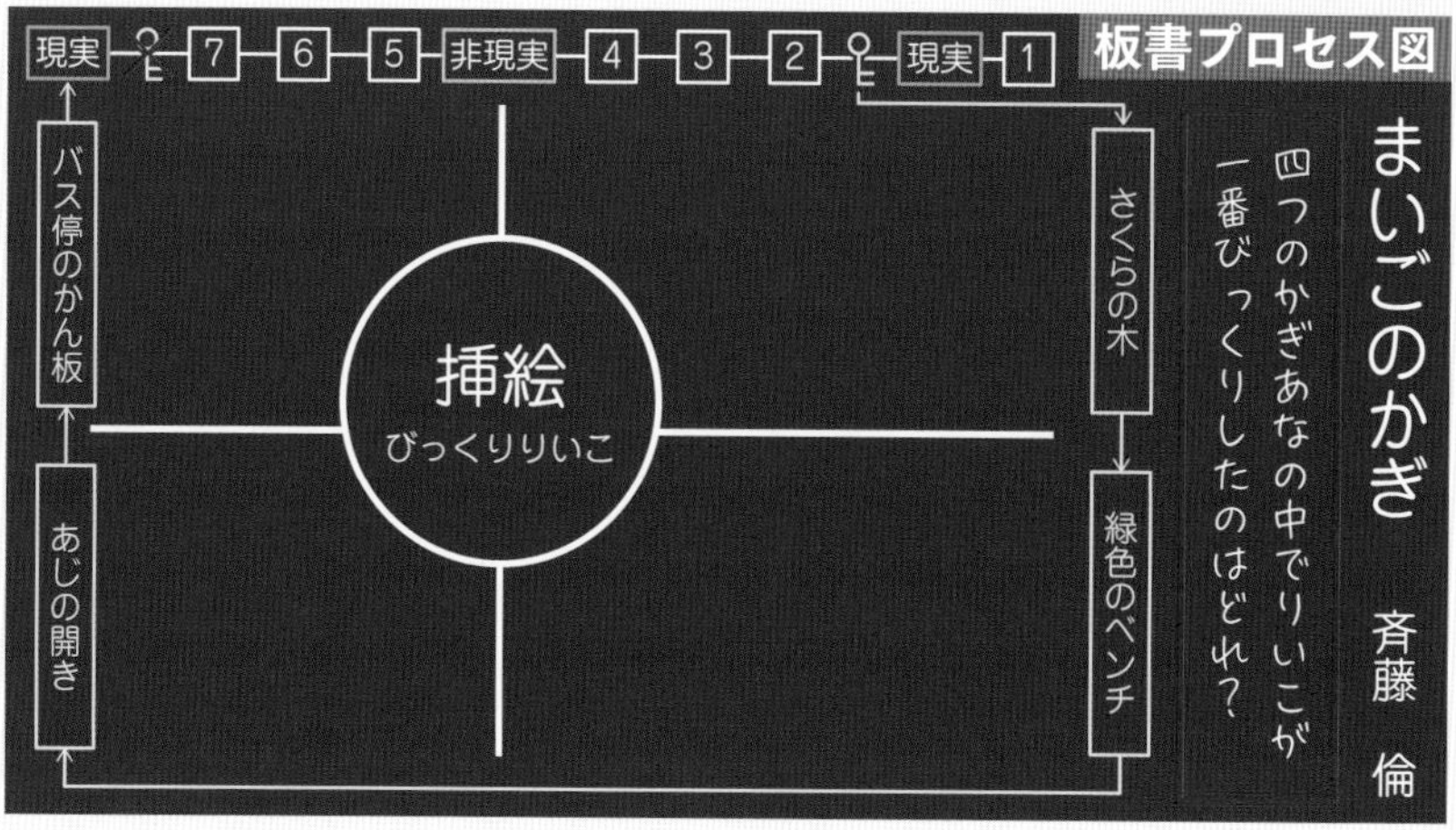
板書プロセス図
まいごのかぎ
斉藤　倫
四つのかぎあなの中でりいこが一番びっくりしたのはどれ?
現実
1
2
3
4
非現実
5
6
7
現実
さくらの木
緑色のベンチ
あじの開き
バス停のかん板
挿絵
びっくりりいこ

Check 1 問題意識の醸成

板書プロセス図参照

これまでの学習の復習も含め、かぎあなの順番を確認するために、四枚の短冊の並べ替えを行います。

T　四枚のカードを物語の順番に並び替えましょう。

C　最初は「さくらの木」で、次は……。

POINT 1　子どもたちの発言を引き出す中で、ファンタジーの構造と四つのかぎあなの順序を確認する。

2 学習課題の提示と個人思考

> 四つのかぎあなの中で、りいこが一番びっくりしたのは、どのかぎあなの時でしょう?

C　わたしは（　　　）が一番びっくりしたと思います。なぜなら、……からです。

3 考えの交流

C　私は「さくらの木」です。だって、初めて起こったことだからかなり驚いたと思うよ。

C　僕は「バス停のかん板」です。かぎを抜いてももとに戻らな

POINT 1

「現実―非現実―現実」のファンタジー構造を板書上段に書き込みながら、場面番号も付け足します。黒板を十字に区切り、四つの出来事の流れが分かるように矢印でつなぎながら、本時の思考の枠を整えましょう。十字の中心には共通項である「驚き」を示します。

POINT 2

もしこれらの出来事が一度きりだったとしたら、どのような展開になるか想像してみましょう。最後のりいこの気付きが表れている会話文に注目することで、くり返しの出来事とりいこの気持ちの変化の関係性を記しましょう。

いのは、どうしたらいいのか分からないくらい驚いたと思う。

C「緑色のベンチ」です。「わぁ」って声を出しているから。

それぞれの「驚き」を読み取った根拠（教科書の記述）を確認しながら、四つを比較しましょう。

4 思考の深化

考えを深めるための補助発問

りいこは物語の中で何度も驚いていましたね。驚きの出来事って一度だけじゃダメなのかな？

C ダメだよ。何回もあるからおもしろいんだもん。

C くり返したからこそ、大切なことに気が付けたんだと思う。

POINT 2

「くり返し」不思議な出来事が起こる作品のしかけによって、りいこの心情が少しずつ変化したことに気付かせましょう。

5 学習のまとめ・振り返り

T 今日は、「くり返し」の効果と、その出来事がりいこに与えた影響を学習できました。

「ちいちゃんのかげおくり」（光村図書3年）5／10時

［本時のねらい］ちいちゃんのひとりぼっちの寂しさを比較することを通して、ちいちゃんの心情の変化について考えることができる。

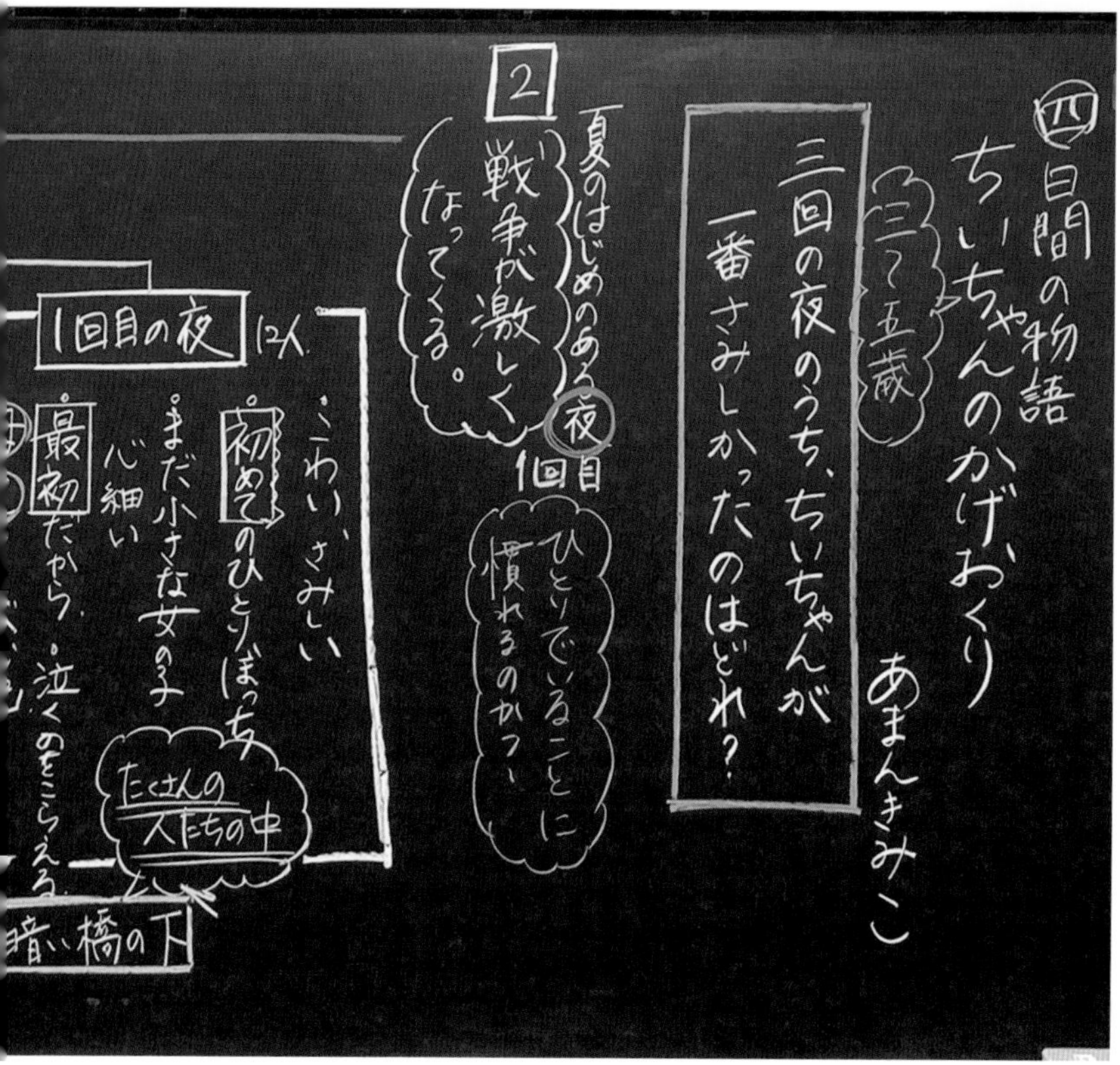

身に付けさせたい読みの力

●中心人物の心情の変化

教材の特性

題名にもなっている「かげおくり」は、読者にとって印象的なシーンです。2回のかげおくりを比較することで、作品の「悲しさ」「温かさ」を読み取ることができます。また、場面ごとに「明暗」のどちらの印象が強いかを考えると作品全体の構造や第5場面の「明」の意図にせまることができます。

本時で扱う「ちいちゃんの寂しさ」は、家族と離れてから死を迎えるまでのひとりぼっちの時間に焦点化しています。3日間の夜を比較することで、それぞれの寂しさはもちろん、どのように心情が変化したのかも捉えること

対比型「ちいちゃんのかげおくり」

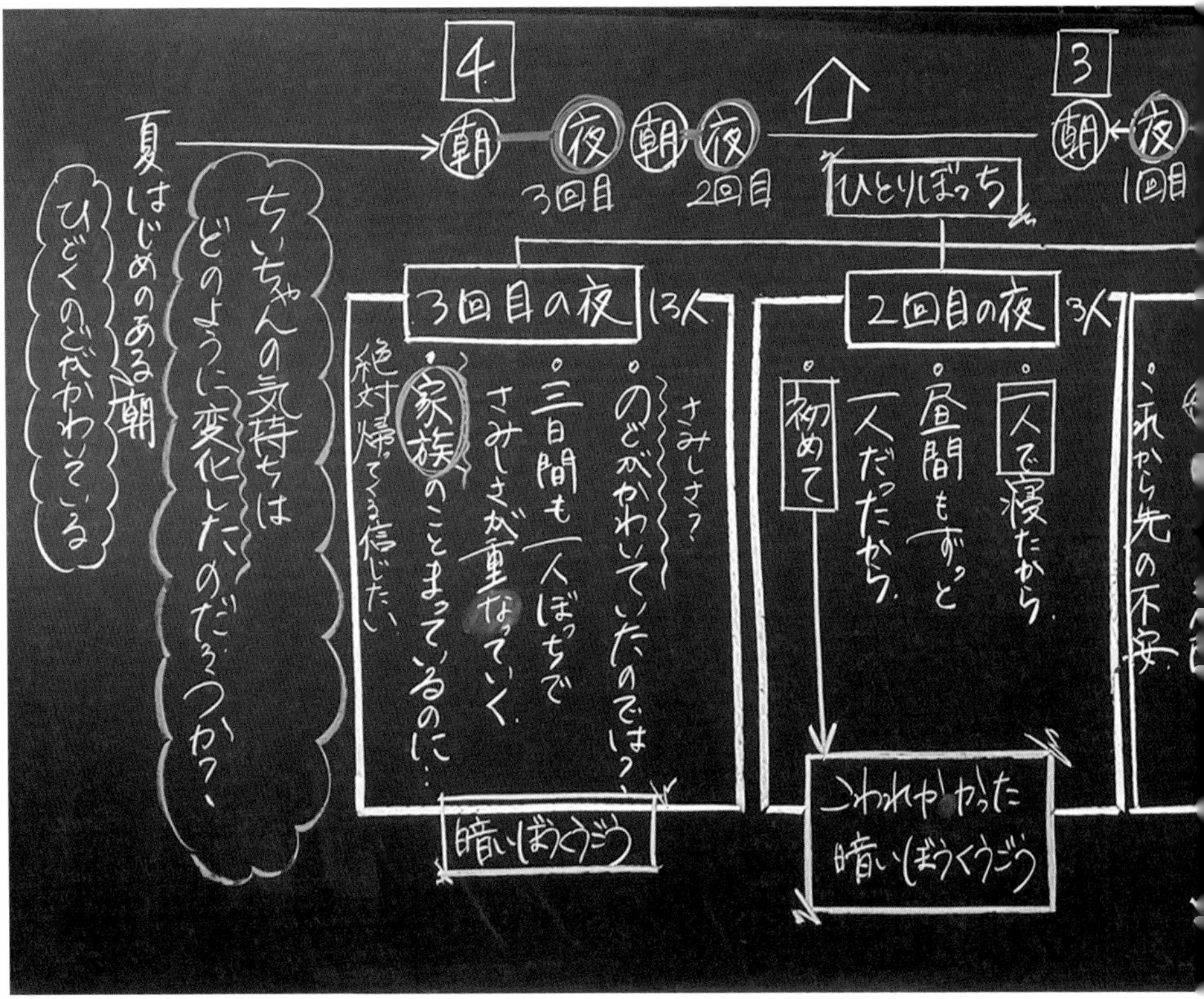
3
朝←夜
1回目
・これから先の不安
ひとりぼっち
2回目の夜 3人
・一人で寝たから
・昼間もずっと一人だったから
・初めて
こわれかかった暗いぼうくうごう
4
朝 夜 朝 夜
3回目 2回目
3回目の夜 13人
・のどがかわいていたのでは？
さみしさ？
・三日間も一人ぼっちでさみしさが重なっていく
・家族のことまっているのに…
絶対帰ってくる信じたい
暗いぼうくうごう
夏はじめのある朝
ちいちゃんの気持ちはどのように変化したのだろうか？
ひどくのどがかわいている

ができます。

立体型板書のポイント

3日間の夜の様子の比較だけでなく、時間の流れの中で心情がどう変化したのかを示すことが大切です。

板書上段には、2場面から4場面の時間の流れを示します。ちいちゃんが過ごした場所や表情、心情を具体的に想像させながらキーワードを残しましょう。大きな矢印を書き加えることで時間の流れも意識できます。

論理的思考力を育てるポイント

関連付け

授業前半では、それぞれの夜の「寂しさ」を言語化させます。その上で、観点を決めて、それぞれの情報を色チョークを用いながら関連付けます。時間の経過と共に幼いちいちゃんの寂しさがどんどん大きくなっていくことを読み取らせましょう。

板書プロセス図

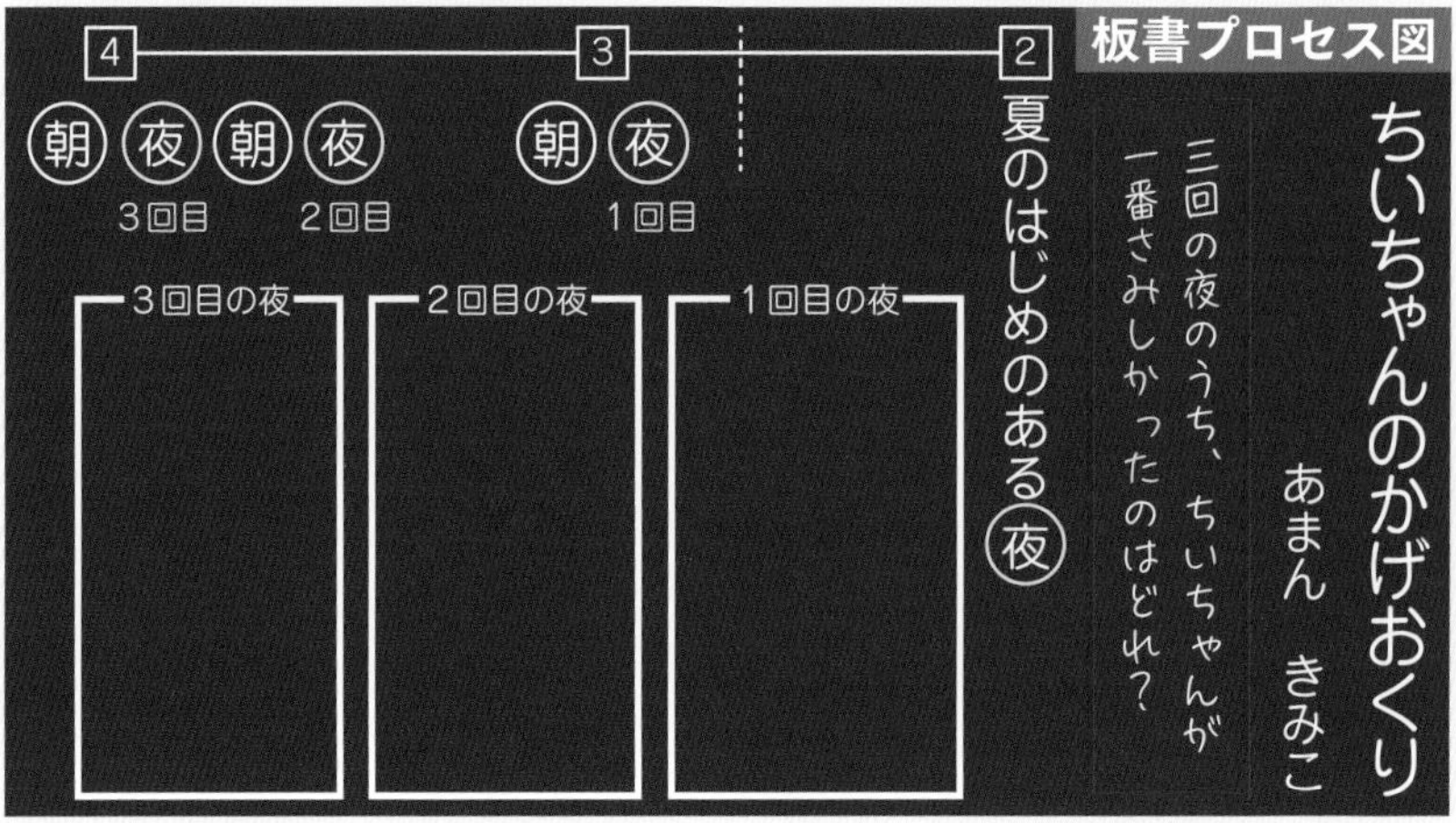

ちいちゃんのかげおくり
あまん　きみこ
三回の夜のうち、ちいちゃんが一番さみしかったのはどれ？
2
夏のはじめのある夜
3
朝
夜
1回目
4
朝
夜
朝
夜
2回目
3回目
1回目の夜
2回目の夜
3回目の夜

Check

1 問題意識の醸成

板書プロセス図参照

時間の経過の確認と共に、ちいちゃんは家族と離れて何日間「ひとりぼっち」で過ごしたのか尋ねます。

T　ちいちゃんは何日間「ひとりぼっち」でしたか？

C　えっと……3日間です。

POINT 1　時間の経過を板書上段に示すと共に、3日間の夜についての教科書の記述を確認します。

2 学習課題の提示と個人思考

> 3日間の夜のうち、ちいちゃんが一番さみしかったのはいつですか？

わたしは（　）日目の夜が一番さみしいと思います。なぜなら、……からです。

3 考えの交流

C　私は1日目だと思います。初めて家族と離れ離れになって不安になっていると思う。

C　2日目だと思う。本当に周りに誰もいない防空壕でひとりぼっ

POINT 1
板書上段に場面の番号と横軸の線を示し、夜↓朝の情報を書き入れます。家族と離れてから3回の夜があることを確認し、それぞれの夜の枠を板書に示します。授業で考える作品の枠組みを可視化したところで学習課題を提示します。

POINT 2
それぞれの夜の様子を比較しながら整理した情報を関連付けましょう。板書に太い矢印を書き加えることで「時間の流れ」を意識させることができます。「不安」や「家族を思う気持ち」の変化を中心に考えると思考が深まります。

ちになったから。

それぞれの夜の「さみしさ」を十分に想像させましょう。周りの環境が与える影響についても確認します。

4 思考の深化

考えを深めるための補助発問

それぞれの「さみしさ」はよく分かりましたね。3日間ではどのように変化したのでしょう？

C ちいちゃんのさみしさはどんどん大きくなっていると思う。

C 家族がもう帰ってこないかも……って気持ちがだんだん出てきたんじゃないかな。

POINT 2
時間の流れの中でちいちゃんの心情が変化していることについて考えさせる場を設定します。

5 学習のまとめ・振り返り

T 今日は、ちいちゃんの「さみしさ」を比べることで、心情の変化について考えを深められました。

▼対比型

「三年とうげ」（光村図書3年）4／6時

【本時のねらい】最終場面の必要性を考えることを通して、くり返し表現の効果について考えることができる。

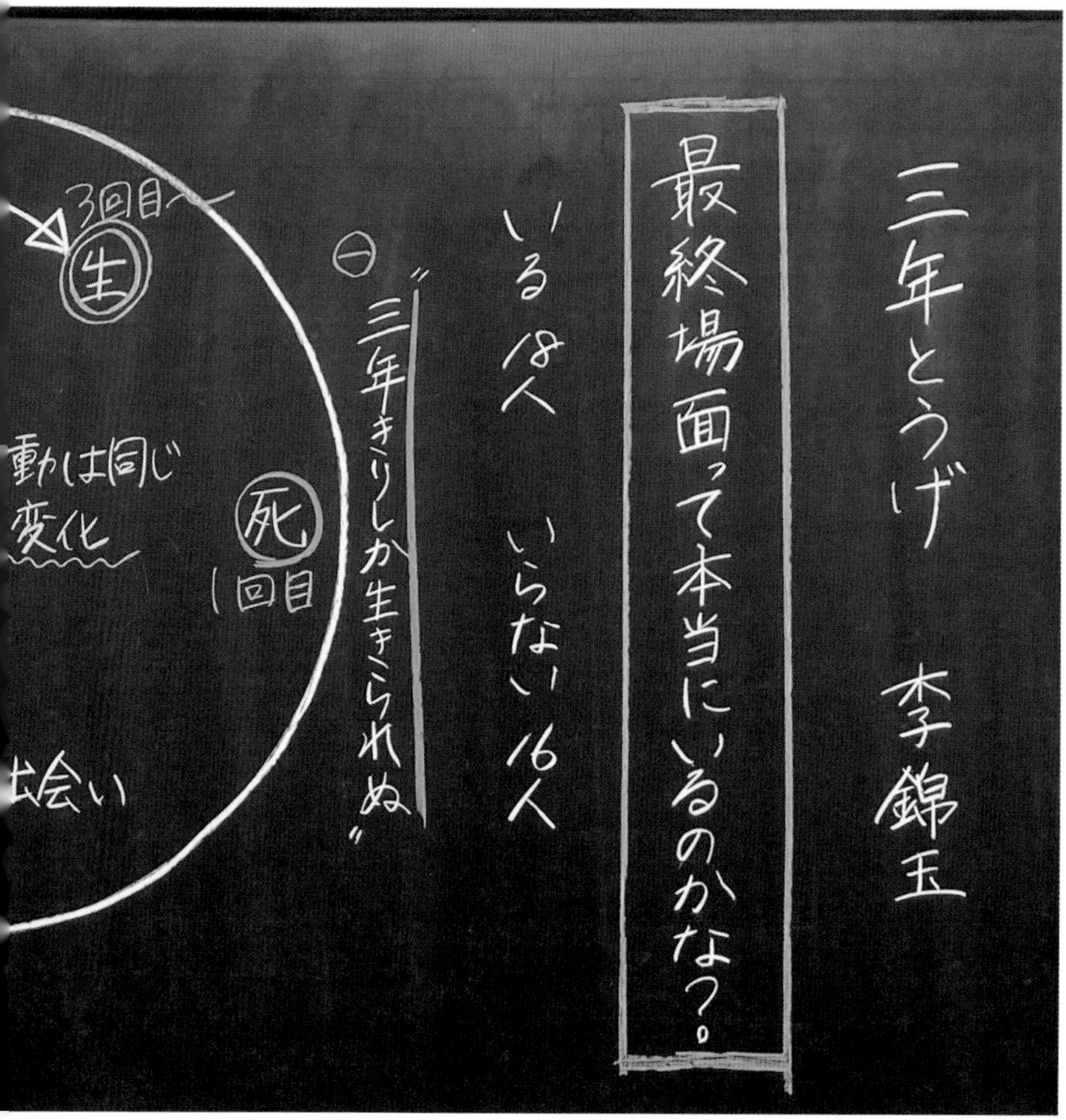

身に付けさせたい読みの力

●くり返し表現の効果、場面の必要性

教材の特性

三年とうげで「転ぶ」という死を招く行為が、視点の転換によって長寿を招く行為へと変化するおもしろさに読み手は惹きつけられます。

今回扱う「最終場面の必要性」は、一見、その場面が存在しなくても物語自体は完結できるのにもかかわらず、あえてその場面を描く効果を考えることになります。この作品以外にも『ちいちゃんのかげおくり』や『海の命』等でも同様の思考が可能です。

今回はさらに「くり返し表現」の効果も重なり、より思考を深める授業を行うことができます。

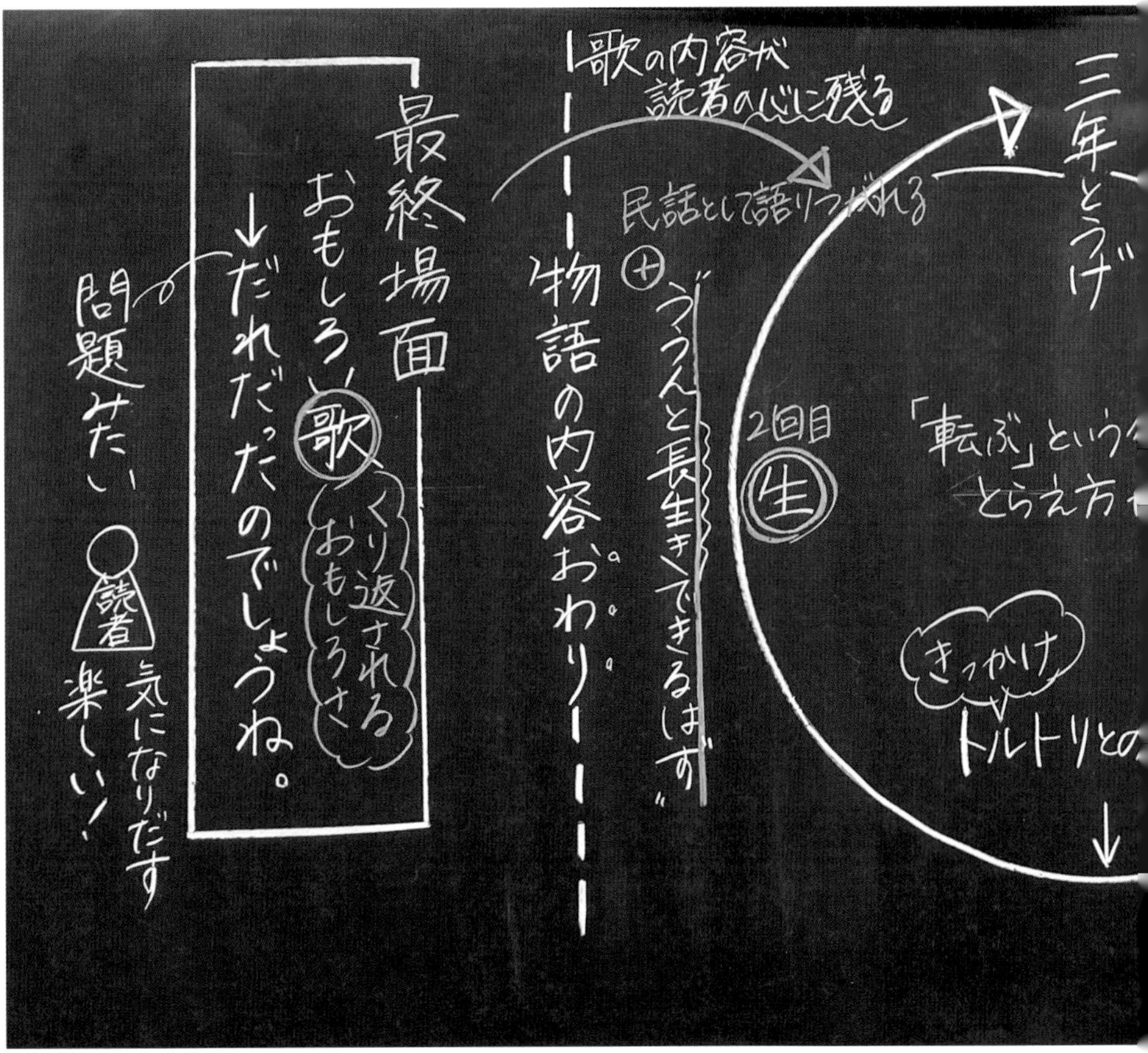

立体型板書のポイント

「循環型」を用いることで、ある行為が繰り返されることのおもしろさに気付かせます。学習課題では「場面の必要性」を問いながらも、板書を通して「おもしろい歌」がくり返されていることで読み手にそのフレーズを印象付けたり、作品のしかけを改めて確認したりする効果に気付かせることをねらっています。

論理的思考力を育てるポイント

比較・分類

今回、注目した「くり返し表現」は他作品（主に低学年教材や絵本）でも頻繁に使用される技法です。ある言葉や出来事が同じようにくり返されることで、読み手はそれぞれを比較し、共通点や相違点を思考することができます。三年とうげでは「転ぶという行為」や「おもしろい歌」が作品のおもしろさを引き立たせています。

板書プロセス図

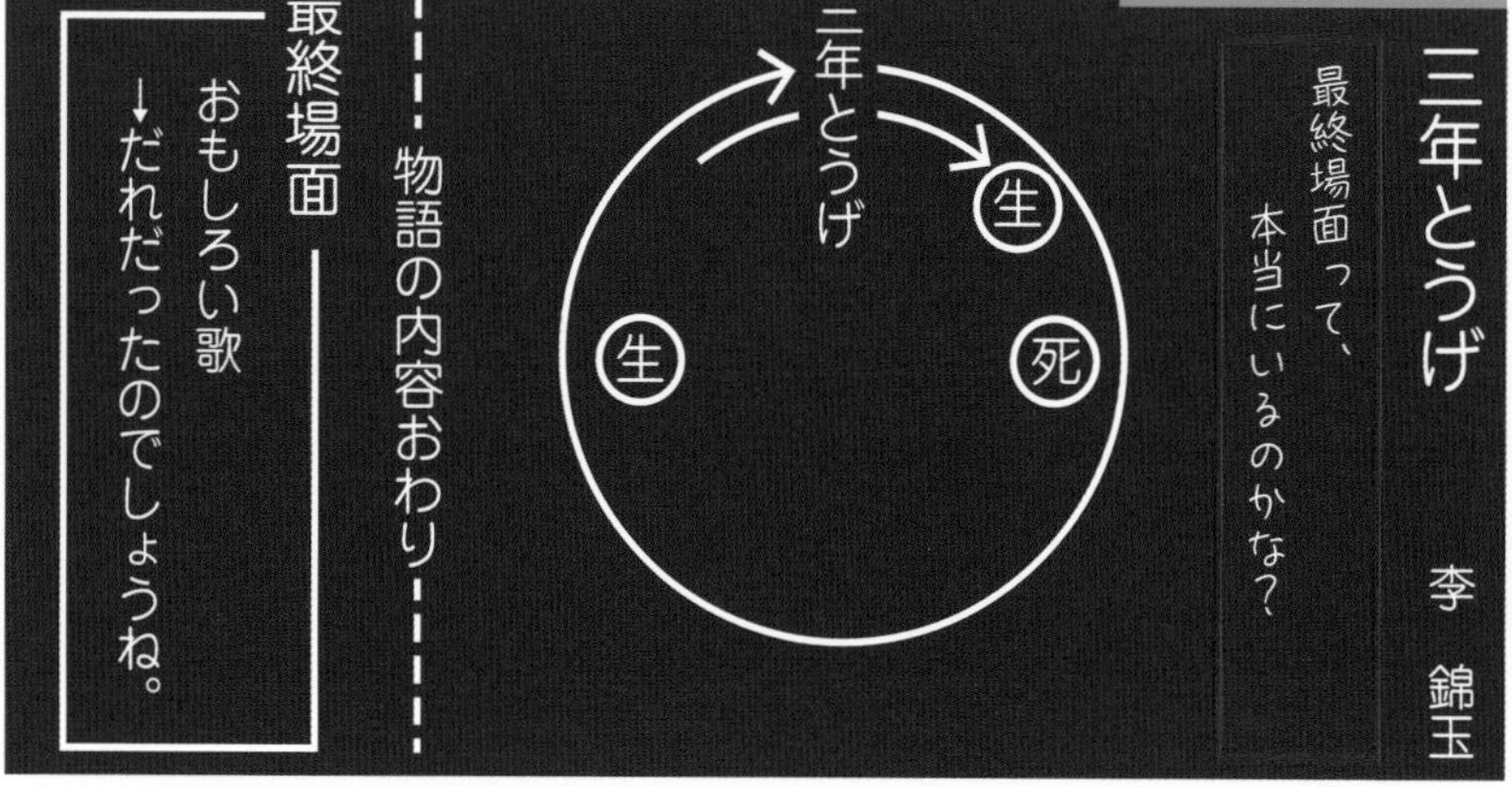

三年とうげ
李 錦玉
最終場面って、本当にいるのかな?
三年とうげ
生
死
生
物語の内容おわり
最終場面
おもしろい歌
↓だれだったのでしょうね。

1 問題意識の醸成

物語のあらすじを尋ね、最後の結末部分は完結していることを確認する。

T この物語って、あるおじいさんがどうなった話?

C 何度も転んだことで、長生きして幸せになった話。

POINT 1

物語の結末を確認することで「最終場面っていらないのでは?」という問いを投げかけます。

2 学習課題の提示と個人思考

最終場面って本当にいるのかな?

わたしは(　　　　　)と思います。なぜなら、……からです。

Check

3 考えの交流

板書プロセス図参照

C いると思う。おもしろい歌がもう一度出てきて、一回目の歌の場面を思い出しました。

C いらないと思う。だって、その前の部分でおじいさんは「幸せに、長生きした」って、物語は終わっているから。

C いると思う。読者に疑問を残す効果があるから。

POINT 1
物語のあらすじを確認しながら、作品の中で「転ぶ」という行為がくり返されていることやおじいさんの変容を押さえましょう。ここで確認した「くり返し」が授業中盤の話合いの中で気付かせたい「おもしろい歌」のくり返しにつながります。

POINT 2
物語と向き合う姿勢を「読み手」から「書き手」へと転じます。自分が書き手になった時のことを考えると自分ごととして作品を引き付けることができます。話合いや板書を通して理解した「しかけの効果」を自分でも使う場面を想定できるようにしましょう。

最終場面の必要性を考えることで、その効果について考えます。読者に印象付ける効果とくり返しの効果の二つに気付かせましょう。

4 思考の深化

考えを深めるための補助発問

自分が物語を書く時には、このような「しかけ」を入れますか？

C わたしは入れます。最後にこんなしかけがあるとおもしろいなって感じたから。

C うーん。入れないかな。物語は物語で完結させた方がすっきりすると思うから。

POINT 2
物語の読み手から書き手へと視点を変えることで、作品の捉え方を広げましょう。

5 学習のまとめ・振り返り

T 「三年とうげ」では、最終場面があることで「おもしろい歌」のくり返しの効果がありましたね。

「一つの花」（光村図書 4年） 4／7時

【本時のねらい】一輪のコスモスに込めた父の願いを考えることを通して、空白の十年間を想像し、父の願いについて考えを深めることができる。

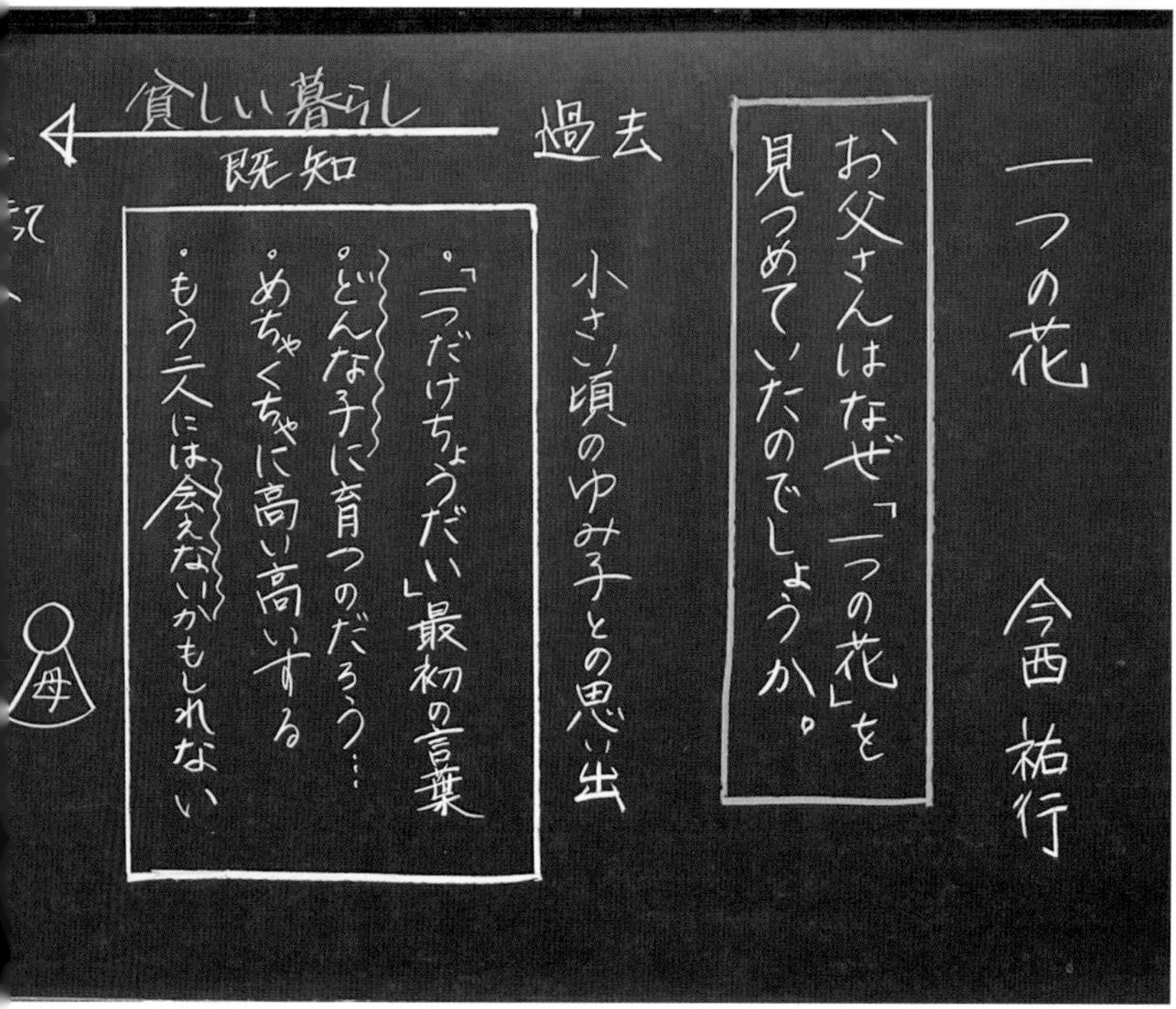
一つの花　今西　祐行
お父さんはなぜ「一つの花」を見つめていたのでしょうか。
過去
小さい頃のゆみ子との思い出
・「一つだけちょうだい」最初の言葉
・どんな子に育つのだろう…
・めちゃくちゃに高い高いする
・もう二人には会えないかもしれない
貧しい暮らし
既知
母

身に付けさせたい読みの力

●象徴、登場人物の変容

教材の特性

ゆみ子の父は戦争へと向かう汽車に乗った時、「ゆみ子のにぎっている、一つの花」を見つめながら行ってしまいました。ここに幼い我が子への言葉にならない願いが込められています。

父が戦争に向かってから、約十年間の月日については描かれていません。この空白の時間は、幼いゆみ子の姿と大きくなったゆみ子の姿について整理することで徐々に埋まり、やがて二つの姿をつなぐことができるはずです。

立体型板書のポイント

父が戦争に行ってからの空白の十年

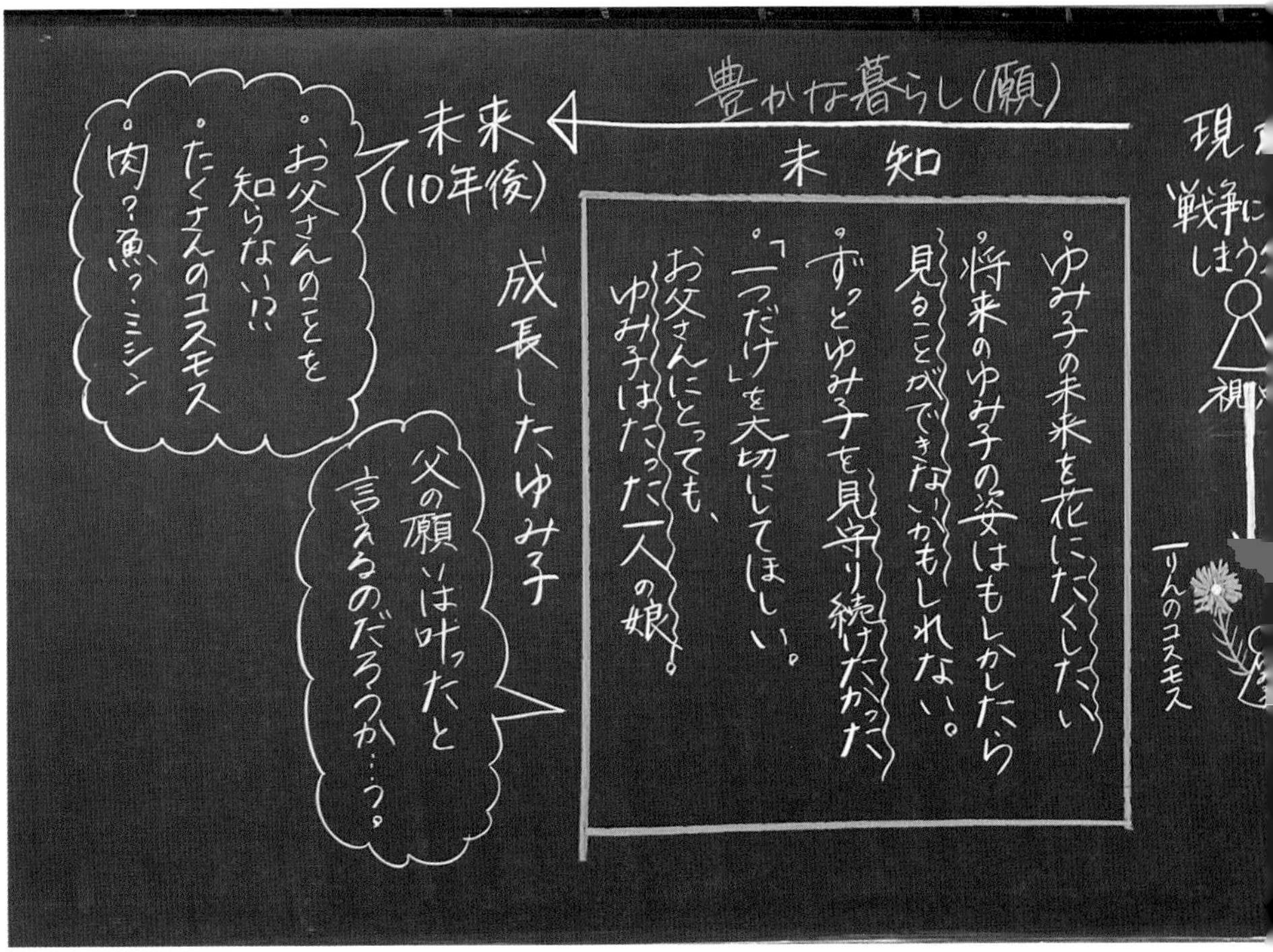
豊かな暮らし(願)
未来(10年後)
未知
。ゆみ子の未来を花にたくしたい
。将来のゆみ子の姿はもしかしたら見ることができないかもしれない。
。ずっとゆみ子を見守り続けたかった
。「一つだけ」を大切にしてほしい。
お父さんにとっても、ゆみ子はたった一人の娘。
成長したゆみ子
父の願いは叶ったと言えるのだろうか…?。
。お父さんのことを知らない!?
。たくさんのコスモス
。肉?魚?ミシン
一りんのコスモス

間を「穴埋め型」の板書を用いて思考させます。父の願いとは一体何だったのかを考える空所です。

この空所を埋めるためには、その前後の情報が重要です。これまでのゆみ子と十年後のゆみ子がどのように変化しているか。その変化を父が願ったであろう姿と重ねながら思考することで空白の十年間が埋まり、過去と未来をつなげる学習活動になります。

論理的思考力を育てるポイント

比較・分類

父が一輪のコスモスに込めた願いを考えることは、貧しい戦争時代と豊かになった十年後の時代を比較して考えることにつながります。また、空白の十年間を埋めることは、この二つの時代を橋渡しすることになり、時代の変容を捉えると共に、父の願っていた娘の未来へとつながります。

板書プロセス図

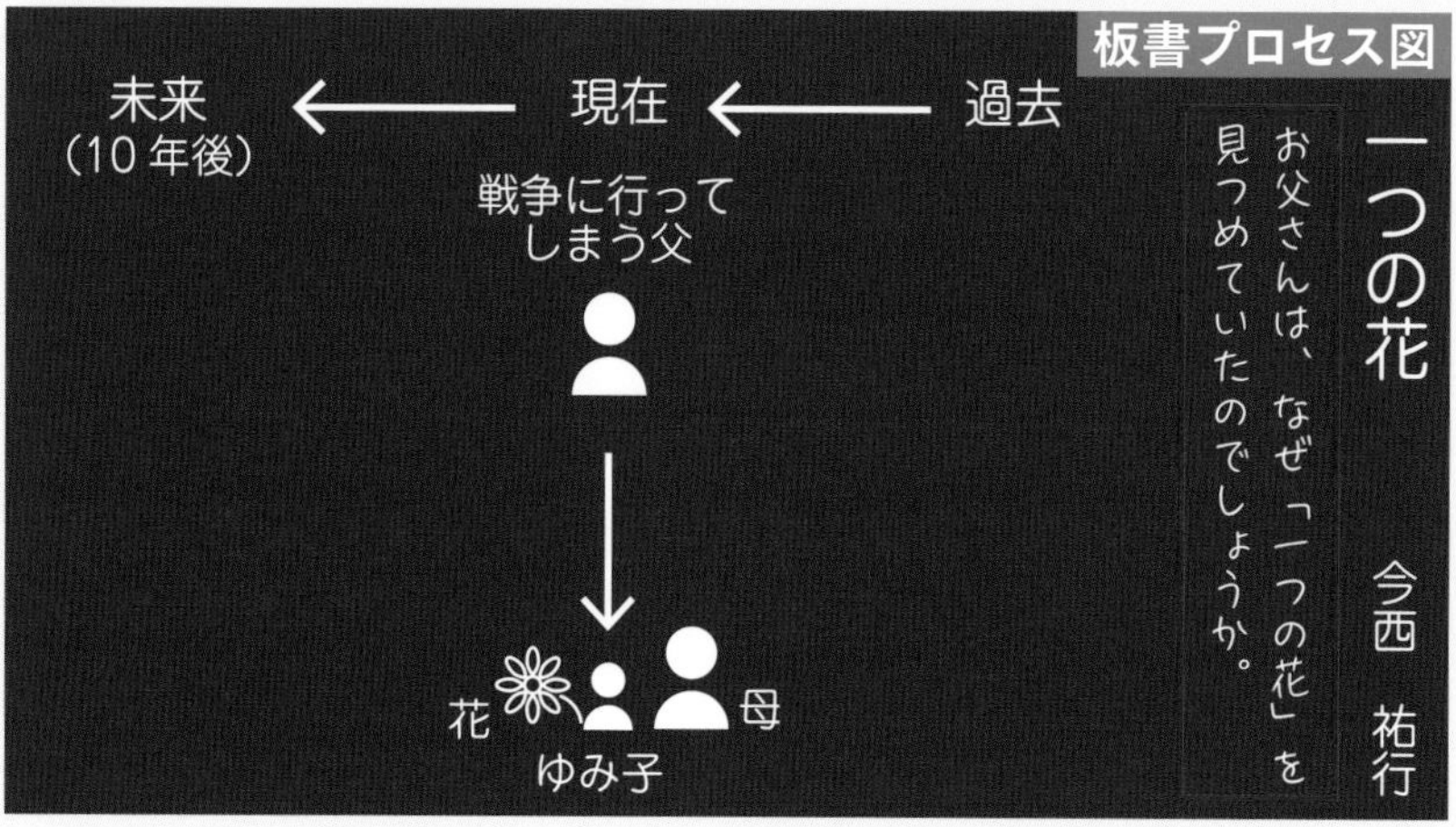

Check

1 問題意識の醸成

板書プロセス図参照

汽車に乗り、戦争へと向かう父の様子を確認します。

T ゆみ子のお父さんは、大切なゆみ子をじっと見つめながら戦争に行ってしまったんだよね？

C 違います！「一つの花」を見つめていました。

POINT 1 わざと間違えて提示することで、父の視点とその場のイメージを明確に掴むことができます。

2 学習課題の提示と個人思考

お父さんは、なぜ「一つの花」を見つめていたのでしょうか。

C わたしは（　　）からだと思います。なぜなら、……からです。

3 考えの交流

C ゆみ子の未来を花に託したかったんじゃないかな。

C もしかしたら戦争でもう会うことができないと思って、二人のことを見ることができなかったのかもね。

C 今は貧しい生活かもしれないけれど、将来、豊かな生活を家

POINT 1

これまでの学習を振り返りつつ、戦争に行ってしまう父の姿をイメージさせましょう。「一つの花」を見つめていた「父の願い」というキーワードから、板書に「空白の時間」を作ります。左右には、過去と未来のゆみ子の姿を整理できるスペースも残しておきましょう。

POINT 2

教科書の記述からは、十年後のゆみ子は父の存在を知らないことが分かります。授業を通して深めてきた「父の願い」は果たして叶ったと言えるのか、子どもたちの思考にゆさぶりをかけます。板書を頼りにしながら、ゆみ子の過去と未来をつなぎ、理解を深めるようにしましょう。

族にはおくってほしいという願いがあったのだと思う。

お父さんが花を見つめていた意味と、願いとして託した愛娘の姿を具体的に話し合い、空白の時間を埋めましょう。

4 思考の深化

考えを深めるための補助発問

十年後の場面には「お父さんの顔を覚えていません」と書かれていますが、父の願いは叶ったと言えますか？

C 言えると思う。ちょっと悲しいけれど、お父さんの願いは未来につながっていったと思う。

C 覚えていなくても、願いは叶っていると思うよ。

POINT 2

ゆみ子は父の存在すら知らない状況ですが、一つの花に託した父の願いは叶っていると思われることを読み取りましょう。

5 学習のまとめ・振り返り

T お父さんが「一つの花」に込めた思いをじっくりと考えることで、ゆみ子の過去と未来がつながりましたね。

「ごんぎつね」（光村図書 4年） 1／12時

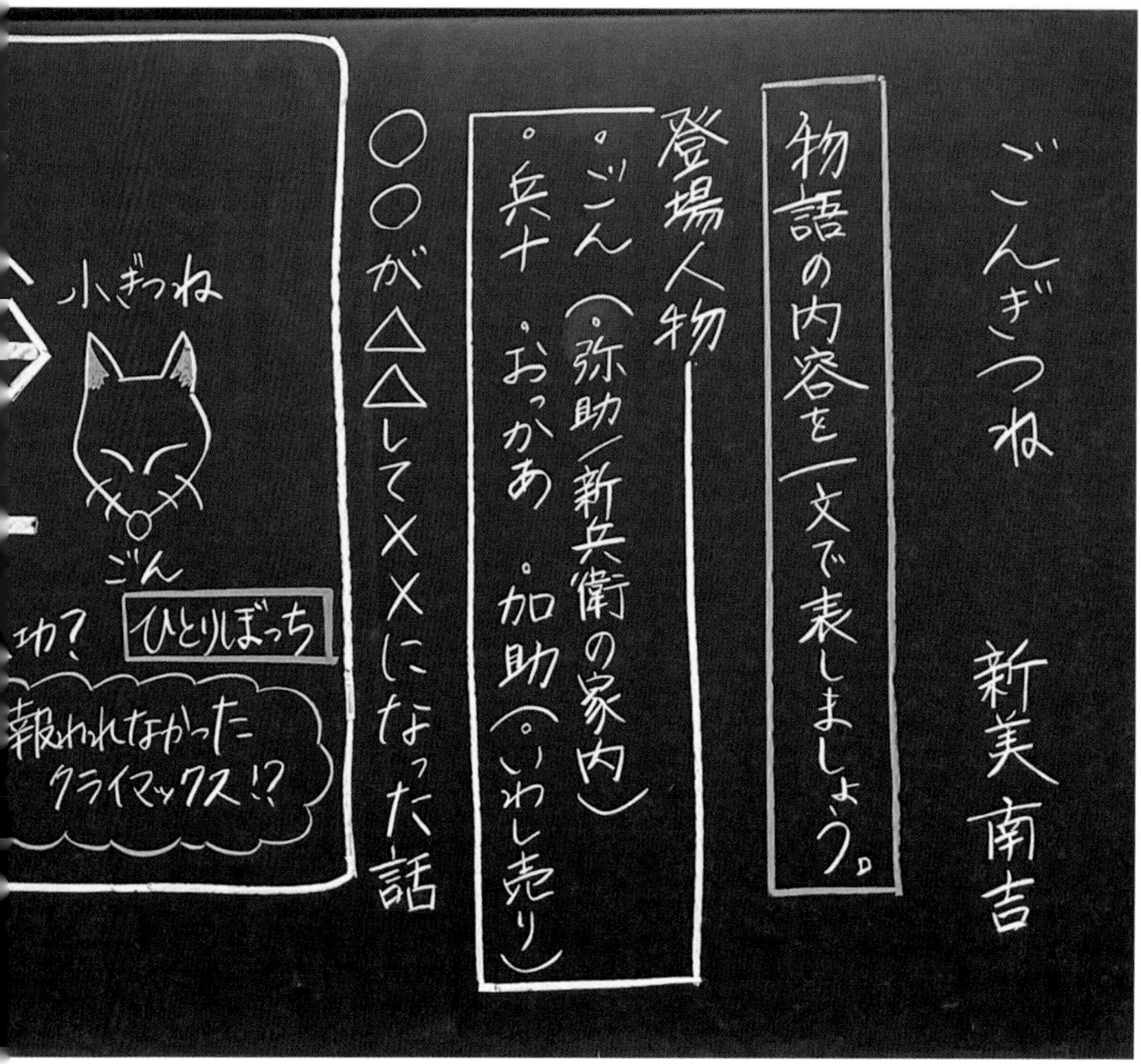

［本時のねらい］物語を一文で表す活動を通して、あらすじを捉えることができる。

身に付けさせたい読みの力

●登場人物の相互関係、あらすじ

教材の特性

ごんと兵十の心のすれ違いによって訪れる悲しいクライマックスが印象的な作品です。ごんの行動が「いたずら」から「つぐない」へと変化するきっかけとなる兵十のおっかあの死、そして、ごんと兵十のすれ違いを生み出した加助の神様発言を扱うことで、より作品の世界を味わうことができます。

また、第六場面ではこれまで「ごん」の視点で書かれていた物語が「兵十」の視点へと移ります。この視点の転換による物語の味わいは、「ごんの視点で描かれていたら」と考えることでより理解できるでしょう。

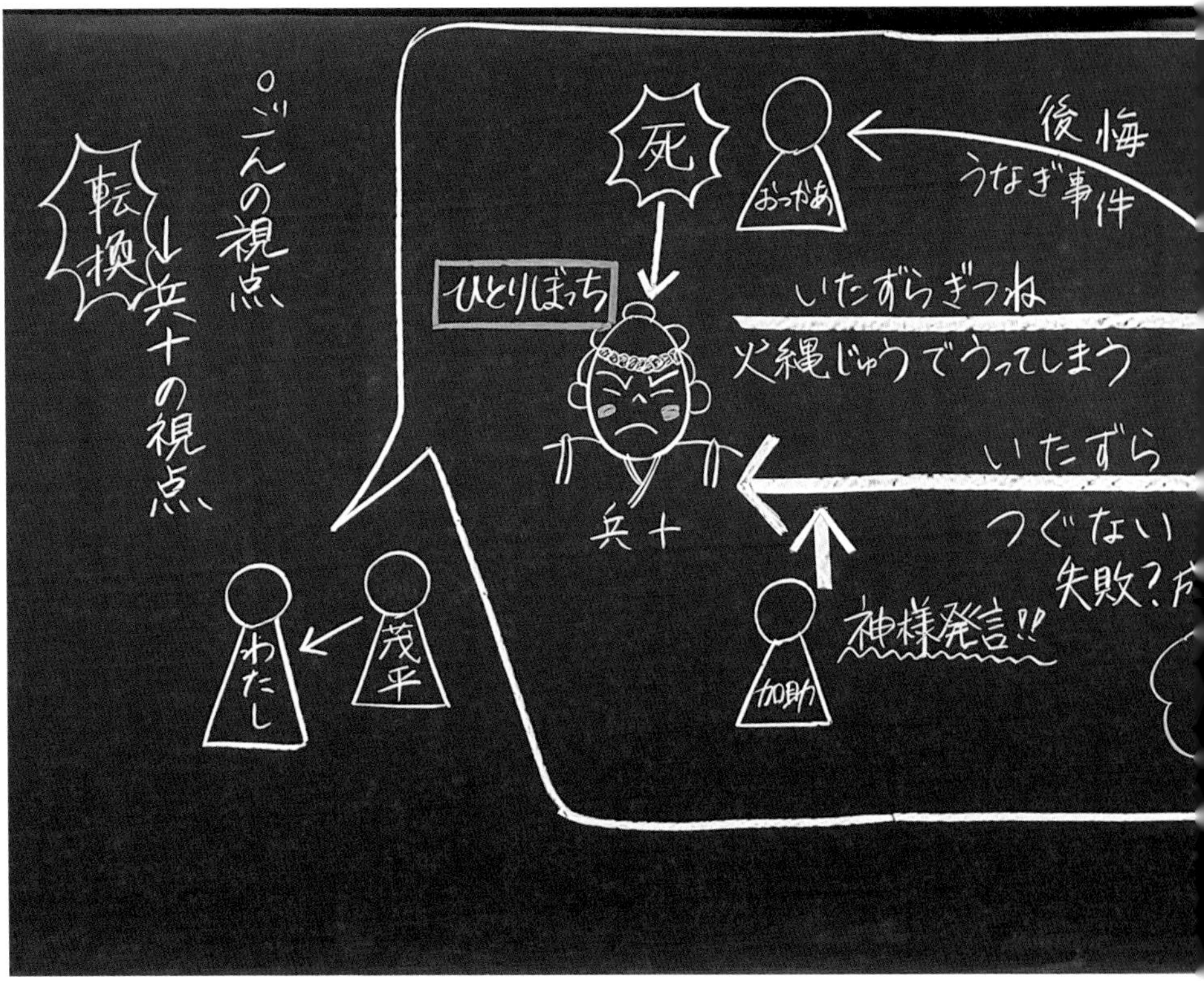

立体型板書のポイント

題名になっている「ごん」を中心に添えて、その周辺の人物とのつながりを子どもたちの言葉を用いながら整理しましょう。

この人物相関図型の板書は文学作品の第1時に用いることで、物語全体を俯瞰して見ることができます。また、初読で関心が集まっている部分と見落とされがちな部分も明確になります。

論理的思考力を育てるポイント

関連付け

人物関係を図式化して整理することで、物語の中でどのようなつながりがあるのかを可視化することができます。この作品は、キーパーソンである兵十のおっかあや加助がごんや兵十と、どのようにつながっているのかを示すことで第2時以降の読みの課題につながります。

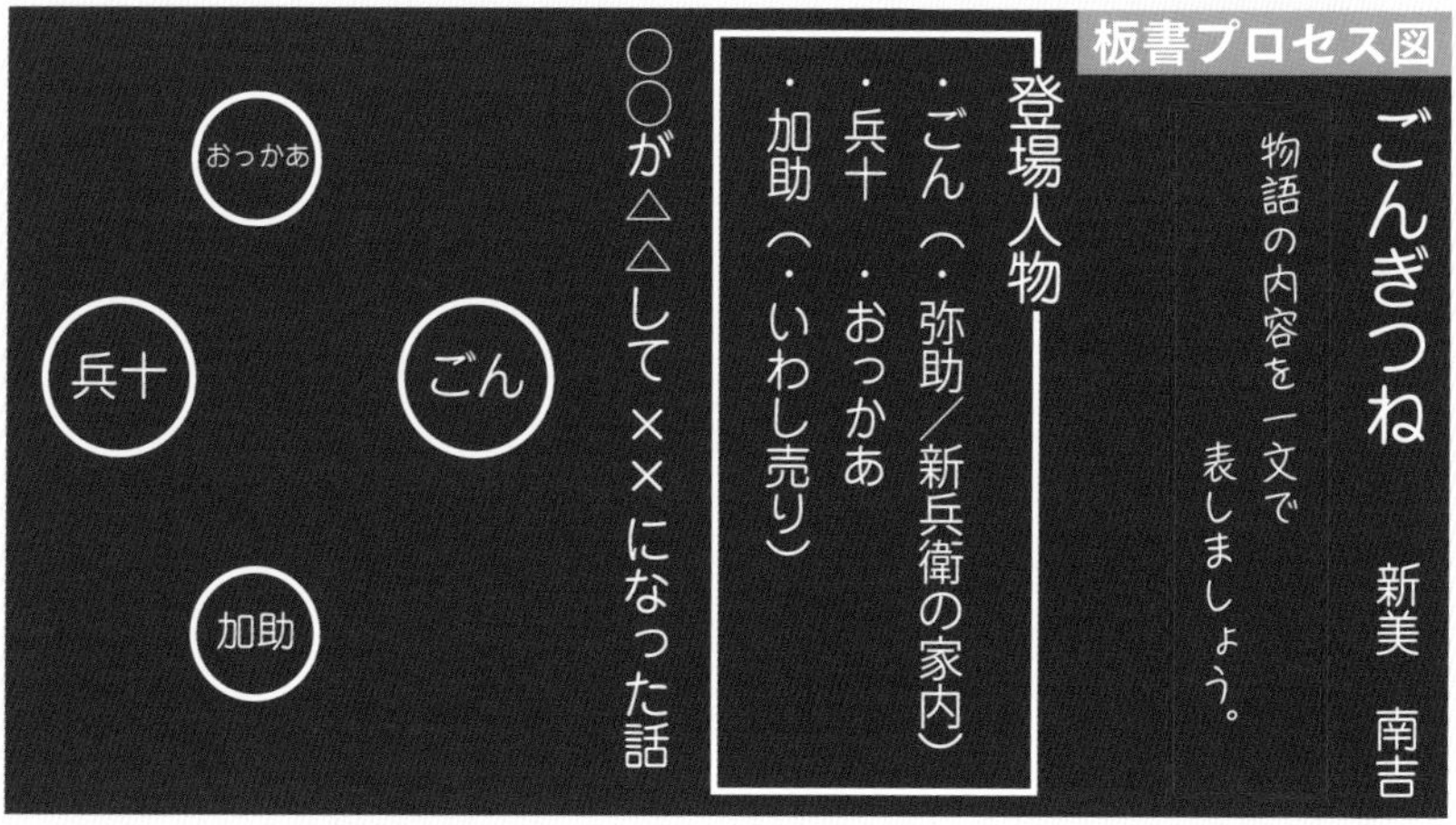
板書プロセス図
ごんぎつね
新美南吉
物語の内容を一文で表しましょう。
登場人物
・ごん（・弥助／新兵衛の家内）
・兵十　・おっかあ
・加助（・いわし売り）
○○が△△して××になった話
おっかあ
ごん
兵十
加助

1 問題意識の醸成

教師が範読を行い、登場人物の確認と学習課題を提示し、作品をどのように捉えたかを表現させます。

T 今から先生が文章を読むので、誰が登場するのかを頭で整理しながら聞いてください。

子どもたちが思考を働かせながら聞くことができるように、範読の際は考える項目を必ず伝えましょう。

2 学習課題の提示と個人思考

物語の内容を一文（○○が△△して××になった話）で表しましょう。

わたしは（　　　　）にしました。なぜなら、……からです。

Check

3 考えの交流

板書プロセス図参照

C ごんが兵十にくりや松たけを届けて報われなかった話。悲しいクライマックスだよね……。

C 兵十が勘違いでごんを撃ってしまって後悔する話。

C ごんが兵十につぐないをしたけれど、撃たれてしまった話。

POINT 1

物語教材の初読は、内容を一文で表現させることで、子どもたち一人ひとりの作品の捉え方を把握することができます。また、考えを共有する中で読み間違い等の「読みのズレ」を修正することもできます。「精査・解釈」の学びに向かうための基盤を整えることが大切です。

POINT 2

板書を用いて物語の全体像を捉え、人物関係も整理できたところで、多くの子どもたちが「ごんの物語」と捉えている部分にゆさぶりをかけましょう。「兵十」の視点から物語を捉えることで今後扱う第六場面の視点の転換の学習につながります。

POINT 1

一人ひとりが物語をどのように捉えているかを確認し、物語の全体像を板書で可視化します。

4 思考の深化

考えを深めるための補助発問

この物語は「兵十の物語」と一言で表してもいいと思いますか？

C 題名は「ごんぎつね」だから、ごんの物語だよね。

C でも、最後はごんのことを撃ってしまった兵十の場面で終わっていて、この後、兵十がどうしたのか気になるな……。

POINT 2

今後の授業でも扱う「視点の転換」につながる思考を促す発問をしましょう。

5 学習のまとめ・振り返り

T 物語の全体像がつかめましたね。次回から、今日、気になった部分を丁寧に読み取っていきましょう。

▼人物相関図型

「初雪のふる日」（光村図書 4年）　1／7時

【本時のねらい】初読の読後感を交流することを通して、作品の魅力や単元の見通しについて考えることができる。

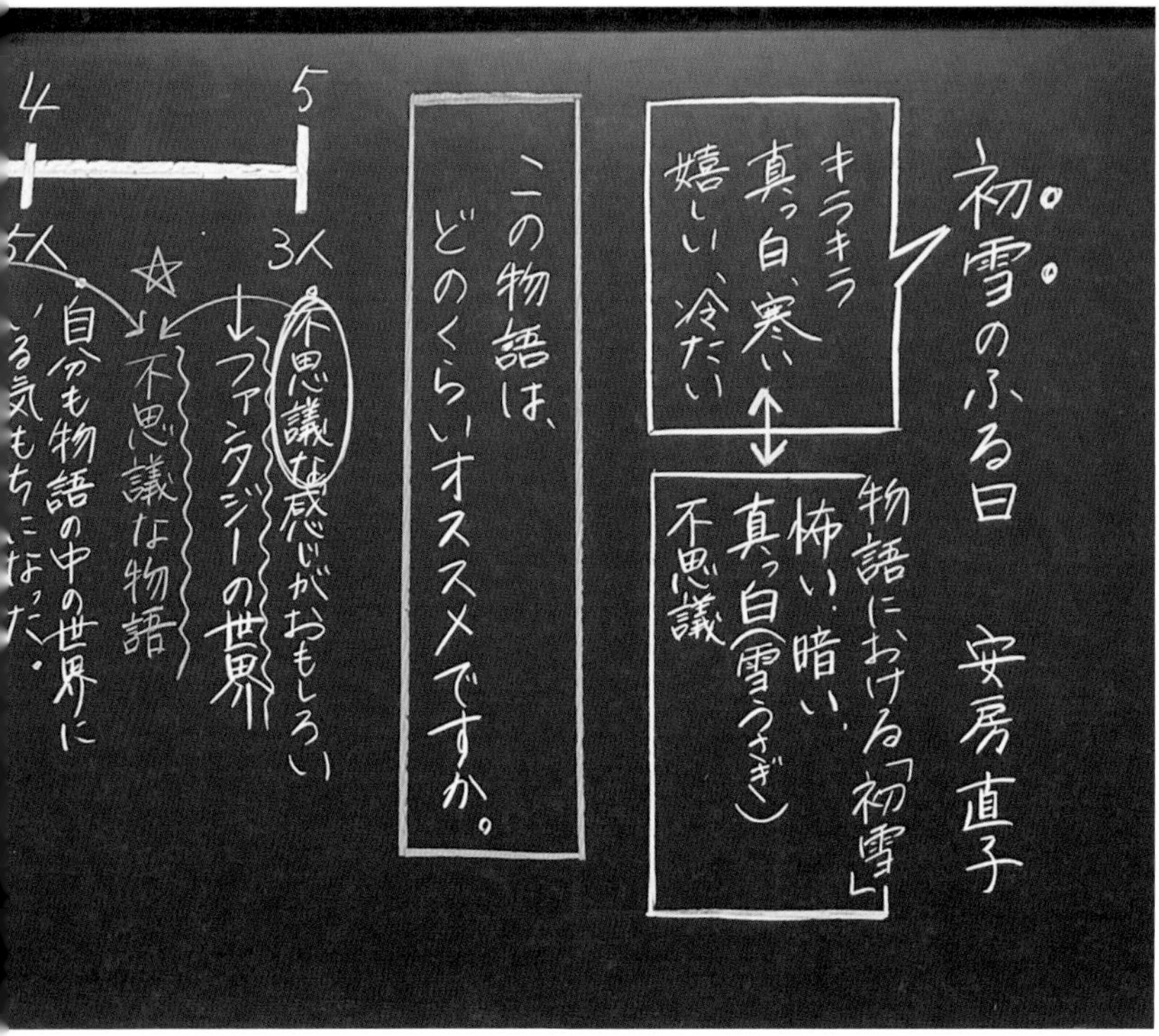

初雪のふる日　安房直子
物語における「初雪」
キラキラ
真っ白、寒い
嬉しい、冷たい
怖い、暗い、
真っ白（雪うさぎ）
不思議
この物語は、
どのくらいオススメですか。
5
3人
不思議な感じがおもしろい
ファンタジーの世界
☆
不思議な物語
4
自分も物語の中の世界に
る気もちになった。

身に付けさせたい読みの力

●読後感、作品の魅力

教材の特性

ある日、主人公の女の子はかつておばあちゃんから聞いた恐ろしい世界へと導かれ、不思議な体験をします。読者もこの不気味な世界での出来事を追体験しているかのような感覚になります。初読の読後感を大切にし、この独特な物語の世界を味わいながら読み進めましょう。

初読で読みの難しさを感じる物語でも単元を通して読み取り方や味わい方を学ぶことで、おもしろさを実感できます。本時では、初読の扱い方について「読後感」をキーワードに提案します。

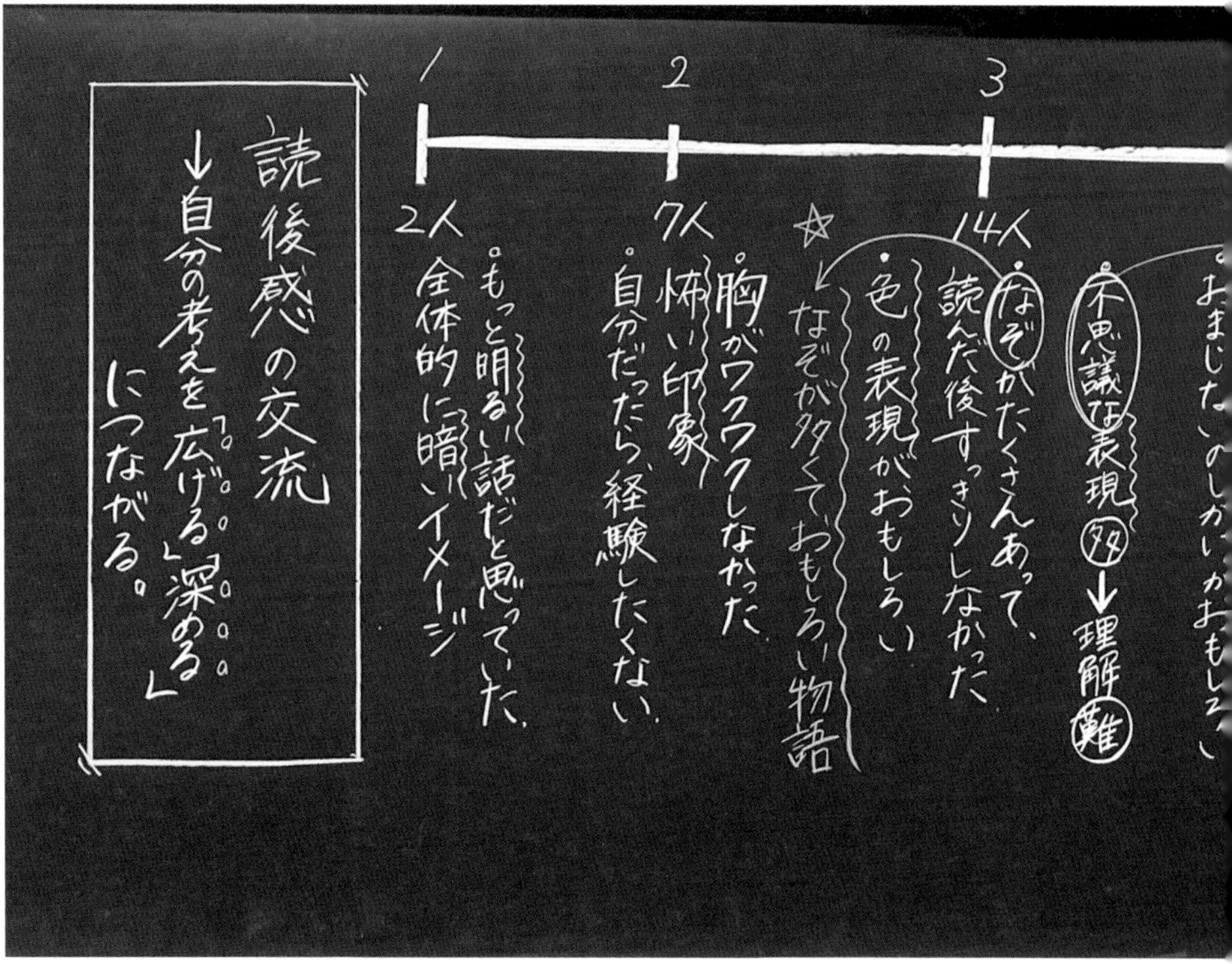

立体型板書のポイント

読後感をスケーリングで可視化することで、それぞれの感じ方には違いがあることを実感させます。

「オススメ度」の理由を交流する中で、多くの発見や疑問を共有します。これらの子どもたちの言葉は今後の学習課題にもつながる部分です。様々な感じ方の違いを交流した後、「『初雪のふる日』は○○な物語」と一言にまとめる際に、板書に書かれた子どもたちの言葉を活用しましょう。

論理的思考力を育てるポイント

関連付け

読後感は、個人個人で大きく変わるものです。自分と他者の感じ方を関連付けながら、物語の捉え方を広げます。また、交流する中で数値が違っても、理由の共通する言葉を関連付けることで疑問が生まれ、今後の学習課題につなげることができます。

板書プロセス図

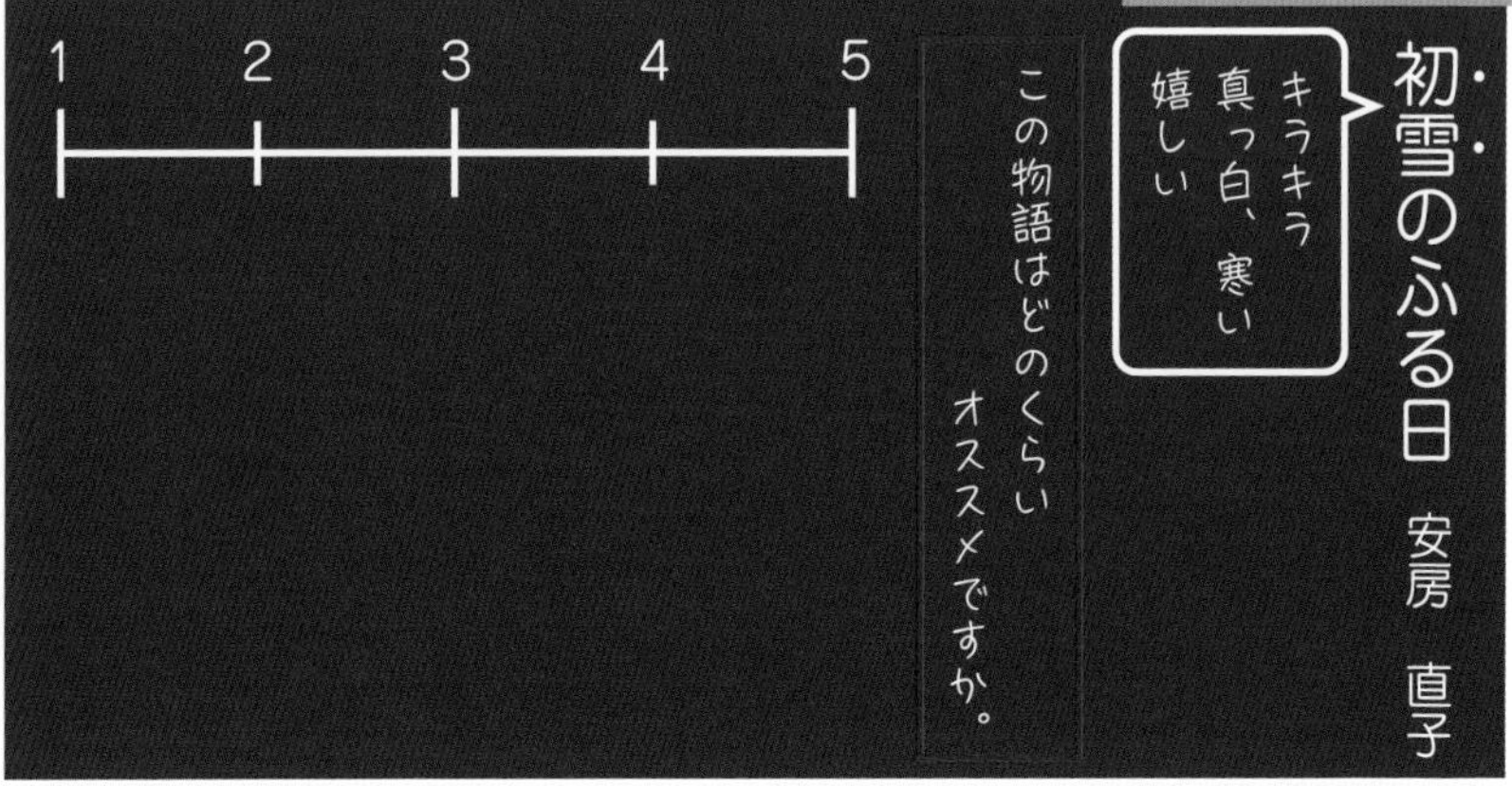
初雪のふる日
安房　直子
キラキラ
真っ白、寒い
嬉しい
この物語はどのくらい
オススメですか。
1
2
3
4
5

1 問題意識の醸成

題名から物語のイメージを共有しましょう。

T 「初雪」ってどんなイメージが思い浮かびますか？

C キラキラして真っ白なイメージ。嬉しい感じ。

POINT 1 物語の初読に向かうために題名からイメージを膨らませます。明るいイメージを引き出しましょう。

2 学習課題の提示と個人思考

> この物語はどのくらいオススメですか？　スケーリングで示しましょう。（範読後）

わたしは（　　）です。なぜなら、……からです。

Check 3 考えの交流

板書プロセス図参照

C わたしは、3です。初めて読んだけれど、不思議な表現が多くて、なかなか理解するのが難しかったな。

C ぼくは、2です。今まで読んできた物語みたいに胸がワクワクしなかったな。怖い印象が強いです。

C 5です。みんなとは違って自分が物語の中にいるみたいでお

POINT 1

この物語は多くの子どもたちが「暗いイメージ」を読後感として抱く物語です。題名の「初雪」という明るいイメージを事前に引き出しておくことで、範読とのギャップを感じられるようにしましょう。明るい言葉を板書に残しておくと、その違いを可視化して比較しやすいです。

POINT 2

ここまで具体的な言葉を通して広げてきた初読の感想を収束に向かわせます。一言でシンプルに表すことは個人の読みを評価する上でも大切な場面です。板書に残した言葉のどこに注目すると、一言で表せそうか具体例を示し、全員が表現できるように声かけするのも有効です。

もしろかったから。もっとこの話のおもしろさも知りたいな。

オススメ度を数値化することで、読後感の違いを共有しやすくします。「理由」をしっかりと述べさせながら交流することが大切です。

4 思考の深化

考えを深めるための補助発問

『初雪のふる日』は◯◯な物語」の◯◯に入る言葉は何を入れますか？

C 「不思議な恐ろしさのある物語」だと思います。

C 僕は「読み深めがおもしろそうな物語」です。感想がわかれたからこそ、これからも違いが出そう。

POINT 2

自分の学びや気付きを一言で表現させましょう。この一言に表現させる思考の中に本時の学びが凝縮されます。

5 学習のまとめ・振り返り

T 幅広く感想が出て、今後の読み深めの授業が楽しみになりました。いろいろな発見がありそうですね。

「なまえつけてよ」（光村図書 5年）2／4時

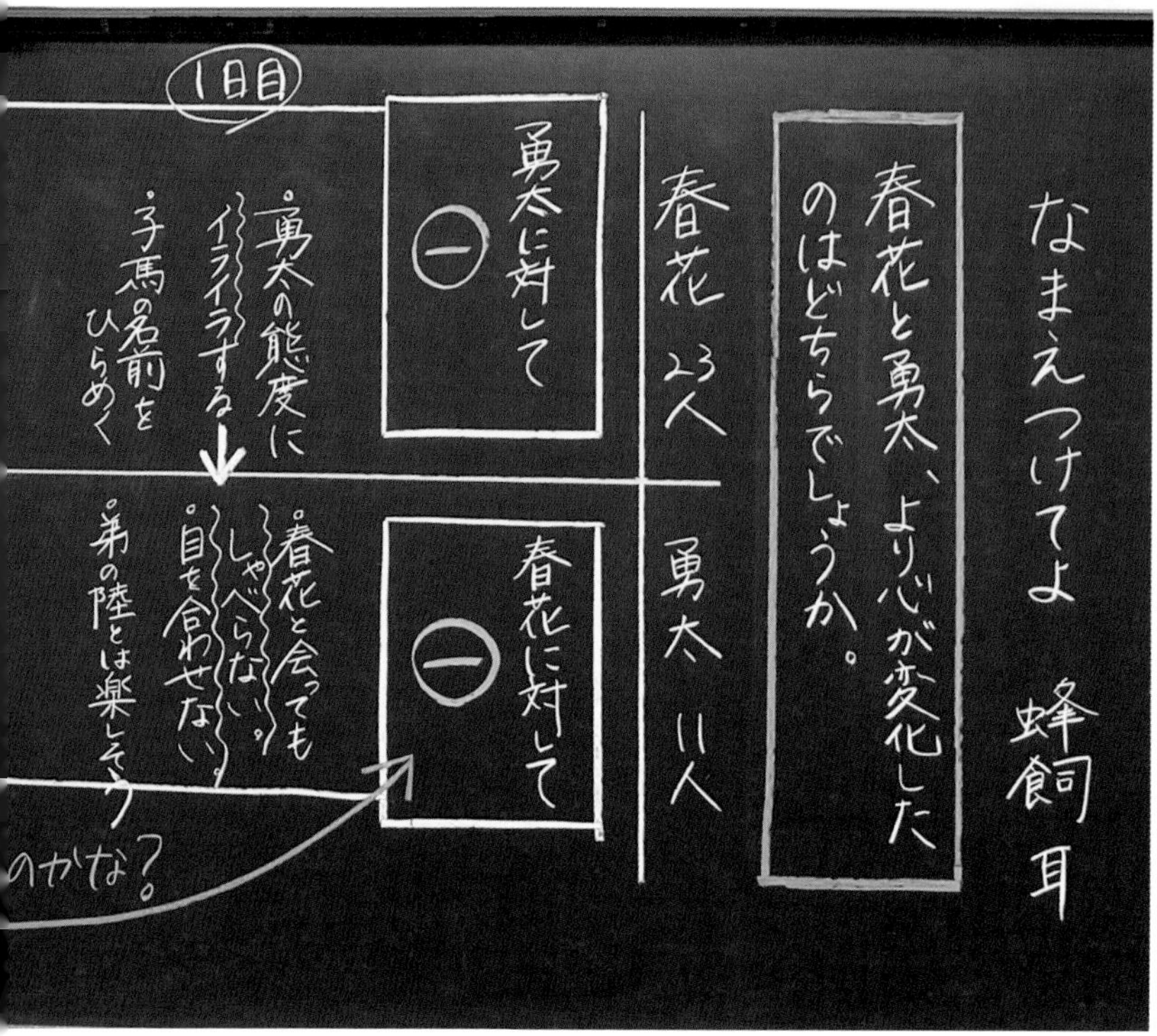
なまえつけてよ　蜂飼耳
春花と勇太、より心が変化したのはどちらでしょうか。
春花 23人
勇太 11人
勇太に対して
春花に対して
1日目
・勇太の態度にイライラする
・子馬の名前をひらめく
・春花と会ってもしゃべらない。
・目を合わせない
・弟の陸とは楽しそう
のかな？

［本時のねらい］春花と勇太の変化を比較することを通して、お互いの心の距離の変容について考えることができる。

身に付けさせたい読みの力

●登場人物の変容

■教材の特性

学習者の5年生と同年代の男女の関わりを読み取る教材なので、子どもにとってきっと共感できる部分が多いことでしょう。「子馬のネーミング事件」をきっかけに春花と勇太の心の距離は大きく変化します。どのような言動から、心の変化を読み取ることができるのかを丁寧に整理しましょう。

春花と勇太、それぞれの変化はもちろん二人の心の距離の変容についても注目します。なお、勇太の心の変化は直接的には書かれていませんが、勇太の行動を根拠に議論することができます。

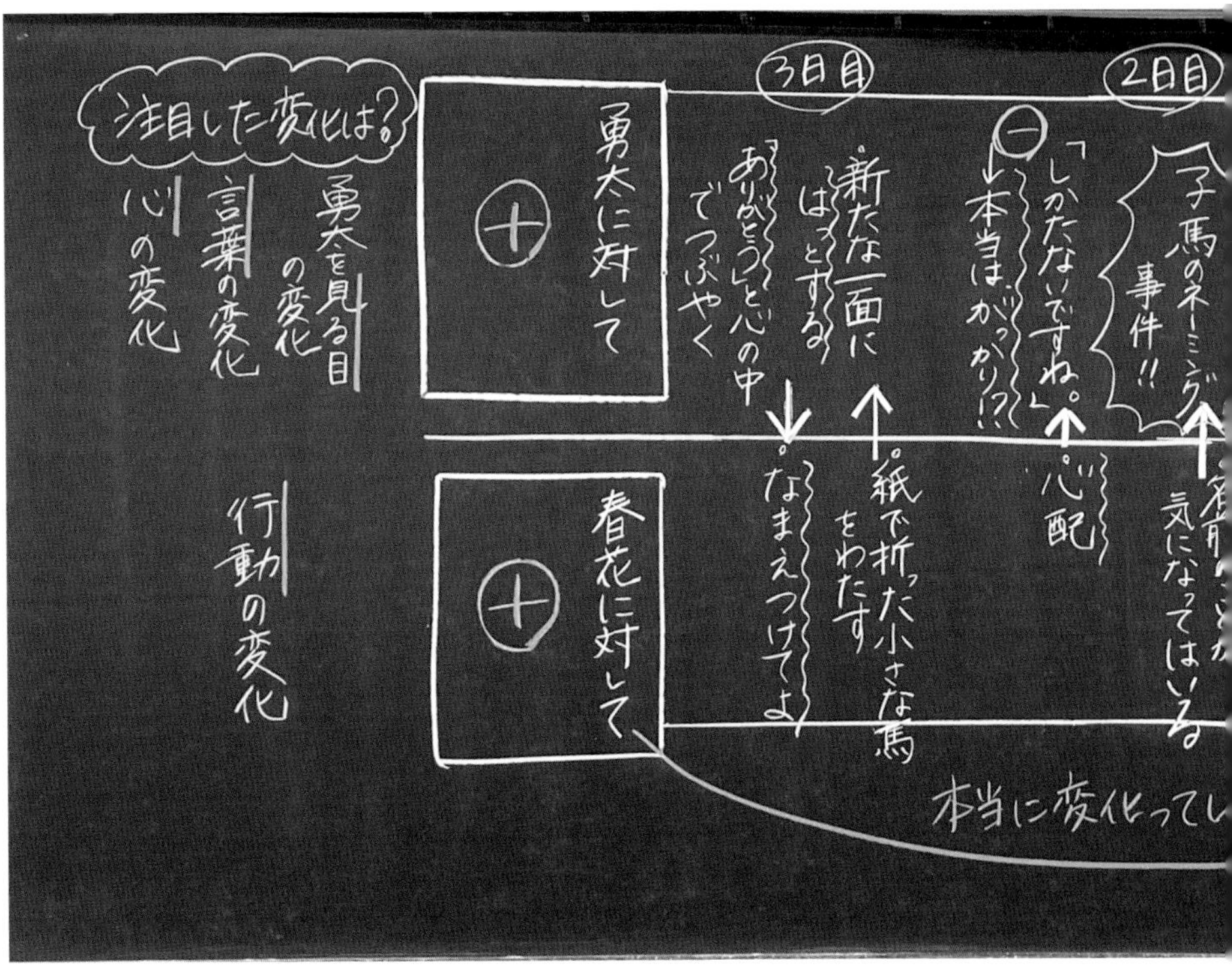

立体型板書のポイント

春花と勇太の姿がどのように変化するのかを一番目立つように提示します。変化の要因となる三日間の出来事については前半の話合いを通して、情報をつなぎながら整理します。

どちらの立場の意見もある程度確認したところで、次は縦軸に注目し比較します。それぞれの人物の「変化の要因」に注目させます。どこに焦点化することで変化を読み取ることができるのかを確認し「読みの力」へとつなげましょう。

論理的思考力を育てるポイント

比較・分類

比較・分類の流れで学習が進みます。まず春花と勇太、それぞれの「最初と最後の姿」を比較することで、人物内における変容を確認できます。次に二人の変化の要因を比較しながら三日間の出来事に分類しましょう。

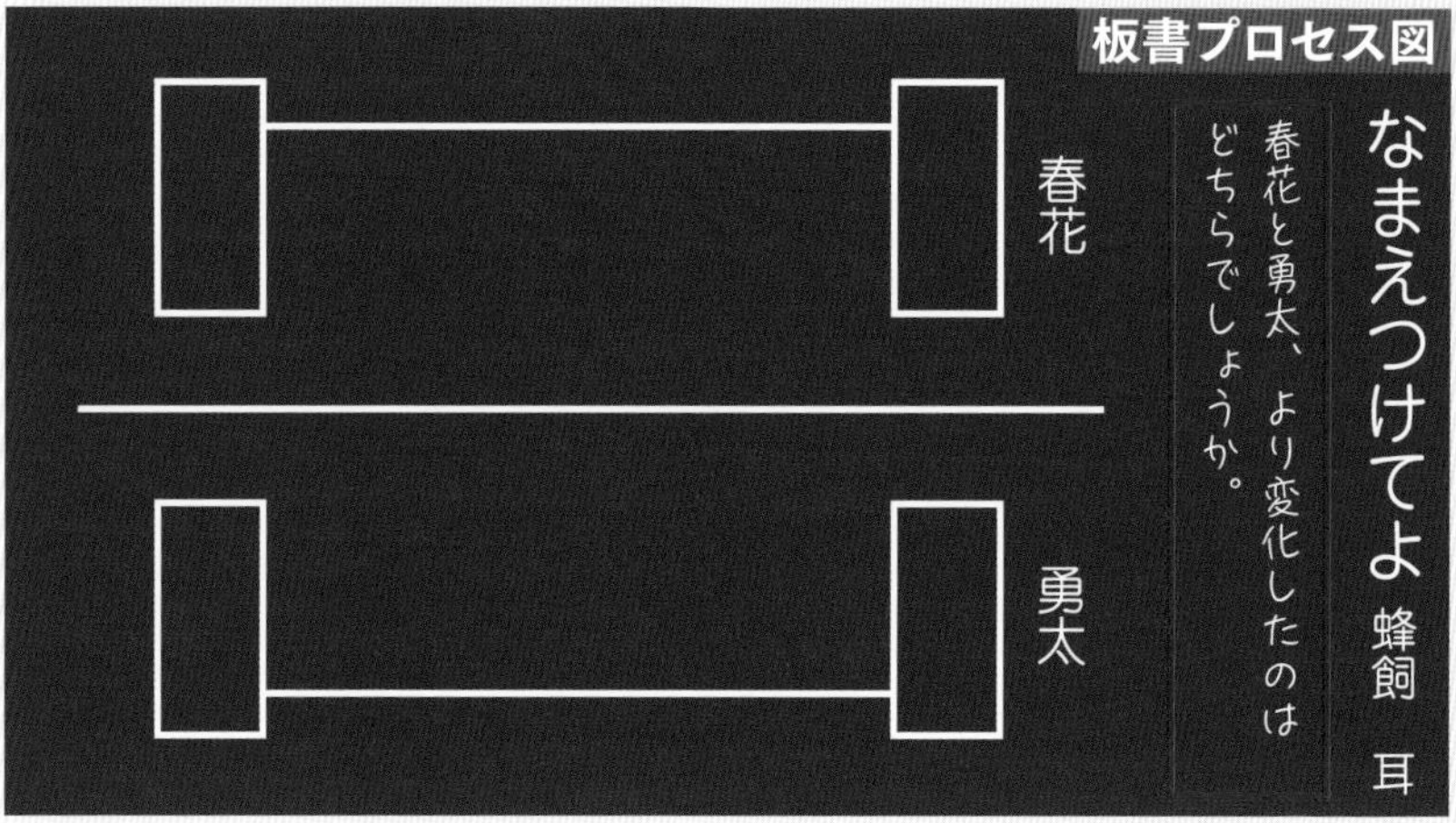

Check

1 問題意識の醸成

板書プロセス図参照

春花と勇太の最初と最後の姿を確認しましょう。

T 二人がどんな姿だったか覚えていますか。

C 春花は、勇太に対する気持ちが変化したよね。

POINT 1

二人の変化をシンプルに捉えられるように「変容型」の枠を板書に示します。二つの枠の間にはその要因を整理できるように空所を設けます。

2 学習課題の提示と個人思考

春花と勇太、より変化したのはどちらでしょうか。

C わたしは（　　　　）の方が変化したと思います。なぜなら、……からです。

3 考えの交流

C わたしは春花だと思う。勇太のいい部分に気付くことができて感謝の気持ちが出てきたんじゃないかな。

C 勇太だと思う。だって、最初は春花と目を合わせなかったのに、最後には春花のために子馬の折り紙を渡しているから心配だっ

POINT 1

物語の基本構造の一つ、「人物の変容」を板書で可視化します。視点人物の春花だけでなく、対人物の勇太も扱うことで授業後半における「二人の心の距離の変容」にも気付かせることができます。また、子どもたちの発言を三日間の出来事に分類しながら整理しましょう。

POINT 2

ここまで変化したことを前提に話合いを進めてきた勇太の変化ですが、「実は変化していない」という視点を与えることで、本来兼ね備えている人間性（人物像）に焦点化することができます。「素直になれない性格」「優しい心を秘めていること」に気付かせましょう。

たのだと思う。

それぞれの人物に対する解釈を交流することで、二人の言動を根拠に変化の要因について整理します。

4 思考の深化

考えを深めるための補助発問

勇太の気持ちって本当に変化したのかな？実は勇太って……。

C 最初から春花のことが気になっていたのかな。

C そっけない感じの勇太だったけれど、恥ずかしがっていただけで、本当は優しい心をもっていたと思う。

POINT 2

勇太の言動に焦点化することでより深い気付きを引き出します。二人の心の距離についても整理します。

5 学習のまとめ・振り返り

T 三日間の出来事を通して、二人の心の距離がぐっと近づいたこと、その要因が詳しく分かりましたね。

「たずねびと」（光村図書 5年） 3／6時

［本時のねらい］綾から見た「川」や「名前」への変容を捉えることを通して、アヤの存在価値について考えることができる。

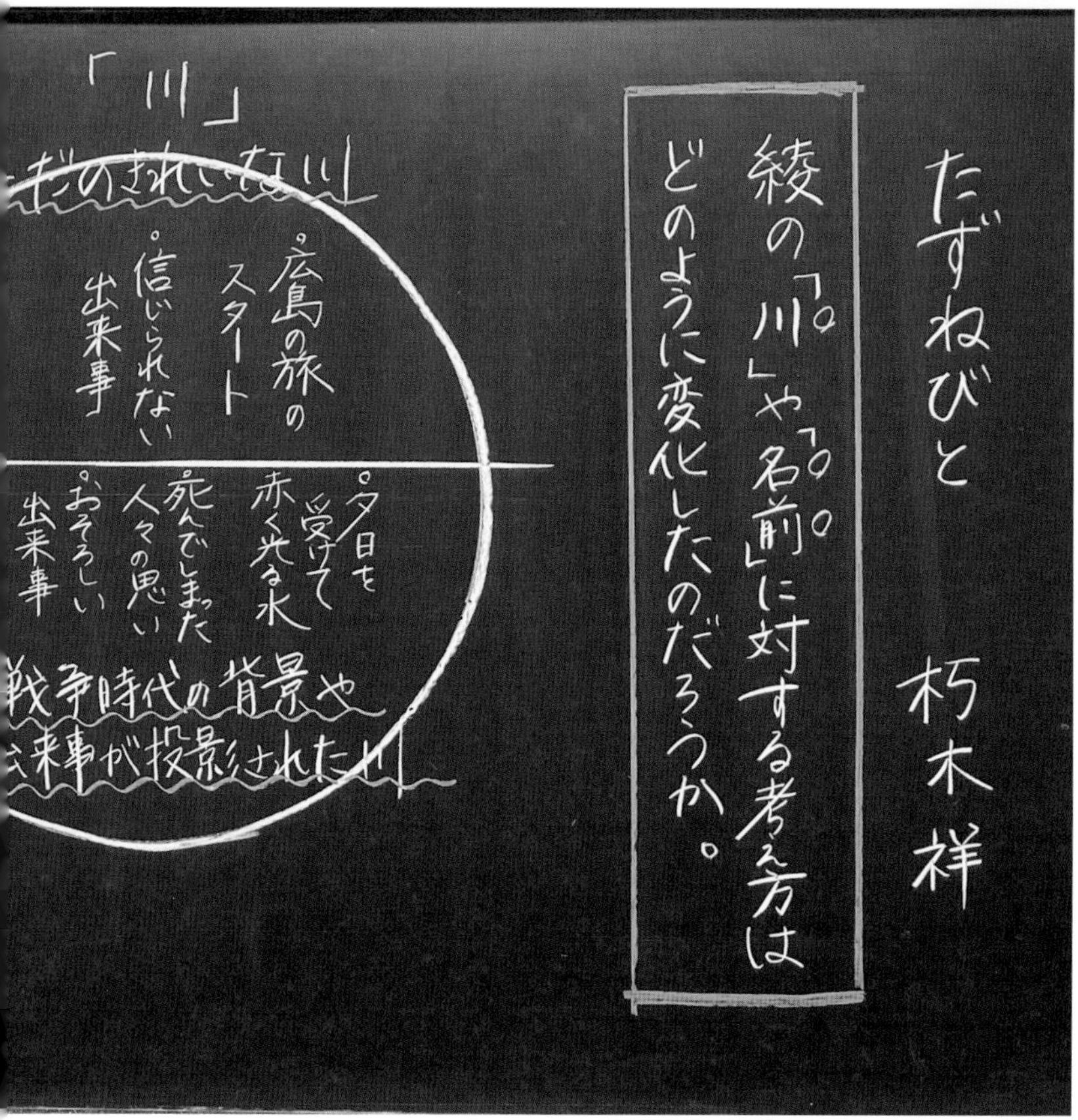
たずねびと
朽木祥
綾の「川」や「名前」に対する考え方はどのように変化したのだろうか。
「川」
だのきれいな川
。広島の旅のスタート
。信じられない出来事
。夕日を受けて赤く光る水
。死んでしまった人々の思い
。おそろしい出来事
戦争時代の背景や
来事が投影された川

身に付けさせたい読みの力

●中心人物の変容、登場人物の役割

■教材の特性

主人公の綾が偶然出会った自分と同じ名前、年齢の「アヤ」への思いを巡る物語です。共通点を見出したことで綾とアヤの距離はぐっと近付きます。

また、兄との広島への旅を通して綾の「ものの見方や考え方」が変容します。特に「川」や「名前」については、最後の場面に綾の感じ方の変化が表現されています。これらの変化が何を要因として起こったことなのか、最終場面までの過程（アヤとの出会い・夢・広島への旅）と行間を大切にした読みを心がけましょう。

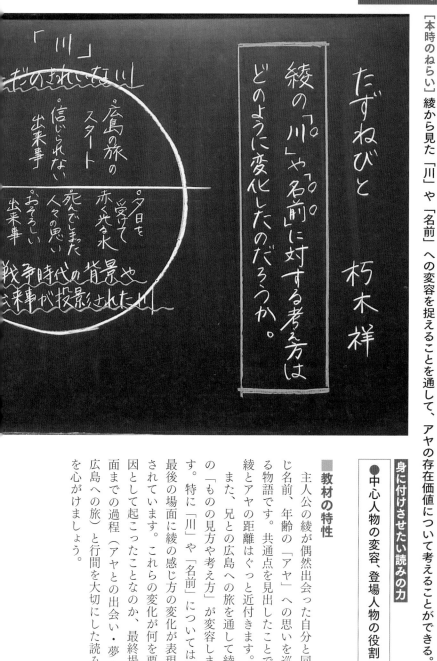

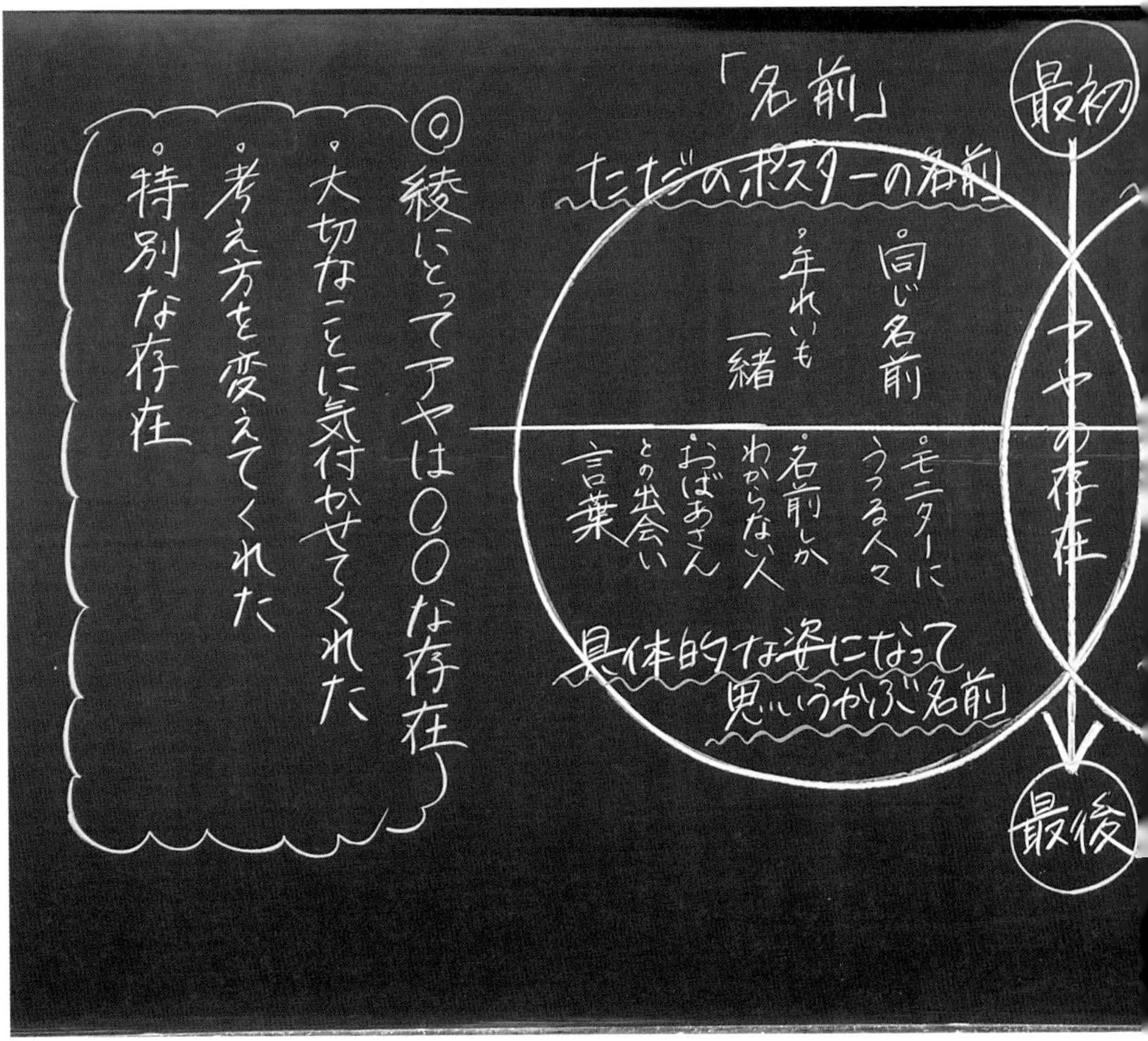
最初
「名前」
ただのポスターの名前
同じ名前
・年れいも一緒
・モニターにうつる人々
・名前しかわからない人
・おばあさんとの出会い
言葉
具体的な姿になって思いうかぶ名前
アヤの存在
最後
◎綾にとってアヤは○○な存在
・大切なことに気付かせてくれた
・考え方を変えてくれた
・特別な存在

■立体型板書のポイント

授業前半は、板書を上下に分けて、綾が「川」や「名前」をどのように見ていたのかその変容を捉えましょう。

それぞれの変容を捉えたところで「ベン図」の線を描き加えます。すると、それぞれに共通する部分が見えるため、この変容に共通して関わっている「要因」を話し合います。「アヤ」との出会いがこれらの変容をもたらしたことを可視化しましょう。

■論理的思考力を育てるポイント

比較・分類

綾にとっての「川」と「名前」は物語の前半と後半で変化します。板書を上下に区切ることでそれぞれを比較しながら変容を捉えられます。

ベン図を描くことで、共通項を導き出す思考を促し、変容の要因となった「アヤ」の存在の価値に気付くことができるでしょう。

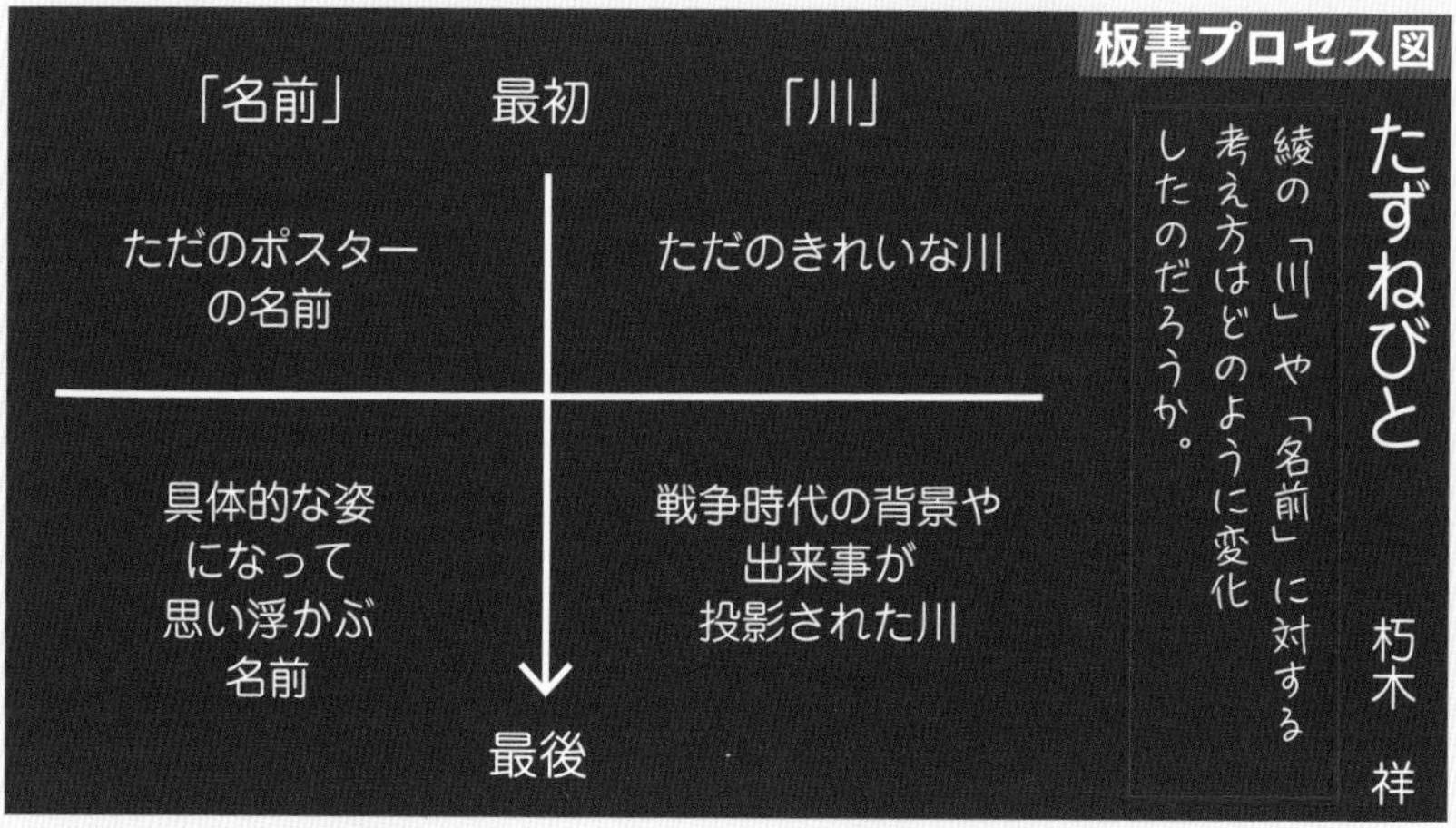

1 問題意識の醸成

これまでの学習を振り返り、広島での出来事を通して綾が考えたことを確認する。

T この挿絵の部分で綾は何を思っているのかな。

C 「川」や「名前」についてしみじみと考えているね。

最後の場面の挿絵を提示しながら想像させましょう。

2 学習課題の提示と個人思考

> 綾の「川」や「名前」に対する考え方は、どのように変化しましたか。

C 最初、（　　　　）だった（川・名前）が最後は（　　　　）になった。

Check 3 考えの交流

板書プロセス図参照

C ただのきれいな川だったけれど、戦争時代の背景や出来事が投影された川に変わっているよ。

C 同じようにただのポスターの名前だったアヤを通して、全ての名前が具体的な姿になって思い浮かぶようになったよ。

POINT 1

二つの様子の変化を捉えたところで、ベン図の枠を描き込みます。すると「共通項」の部分が話題になります。そして、この二つの変化には、「アヤの存在」が欠かせないことが明らかになります。アヤとの出会いが綾に与えた影響と関連付けながら、板書を構造化しましょう。

POINT 2

本時の学習課題に対する具体的な言葉を板書したことによって、子どもたちの思考は大きく広がります。その思考を「一言」に集約することで学びが焦点化されます。物語全体を俯瞰的に捉えるとどのような言葉で表現できるのか、様々な考えを共有することで学びを深めます。

POINT 1

綾にとって大きな意味をもっていなかった「川」や「名前」が物語の展開を通してどのように変化したのかを丁寧に整理しましょう。

4 思考の深化

考えを深めるための補助発問

> 綾の変容の要因となった「アヤ」について、「綾にとってアヤは◯◯な存在」の空欄に言葉を埋めましょう。

C 「大切なことに気付かせてくれた存在」だと思う。

C 「考え方を変えてくれた特別な存在」です。これからも綾はアヤのことを忘れないと思う。

POINT 2

綾の見方に変化を与えた「アヤ」の存在価値について一言で表現させましょう。一言にすることで、最も重要な言葉に焦点化することができます。

5 学習のまとめ・振り返り

T 綾のものの見方の変容を捉えながら、その要因となった「アヤ」の存在についても考えを深められました。

「やなせたかし」

（光村図書　5年）　2／5時

［本時のねらい］　やなせたかしの人生を分類することを通して、筆者が述べるやなせの人生の価値について考えることができる。

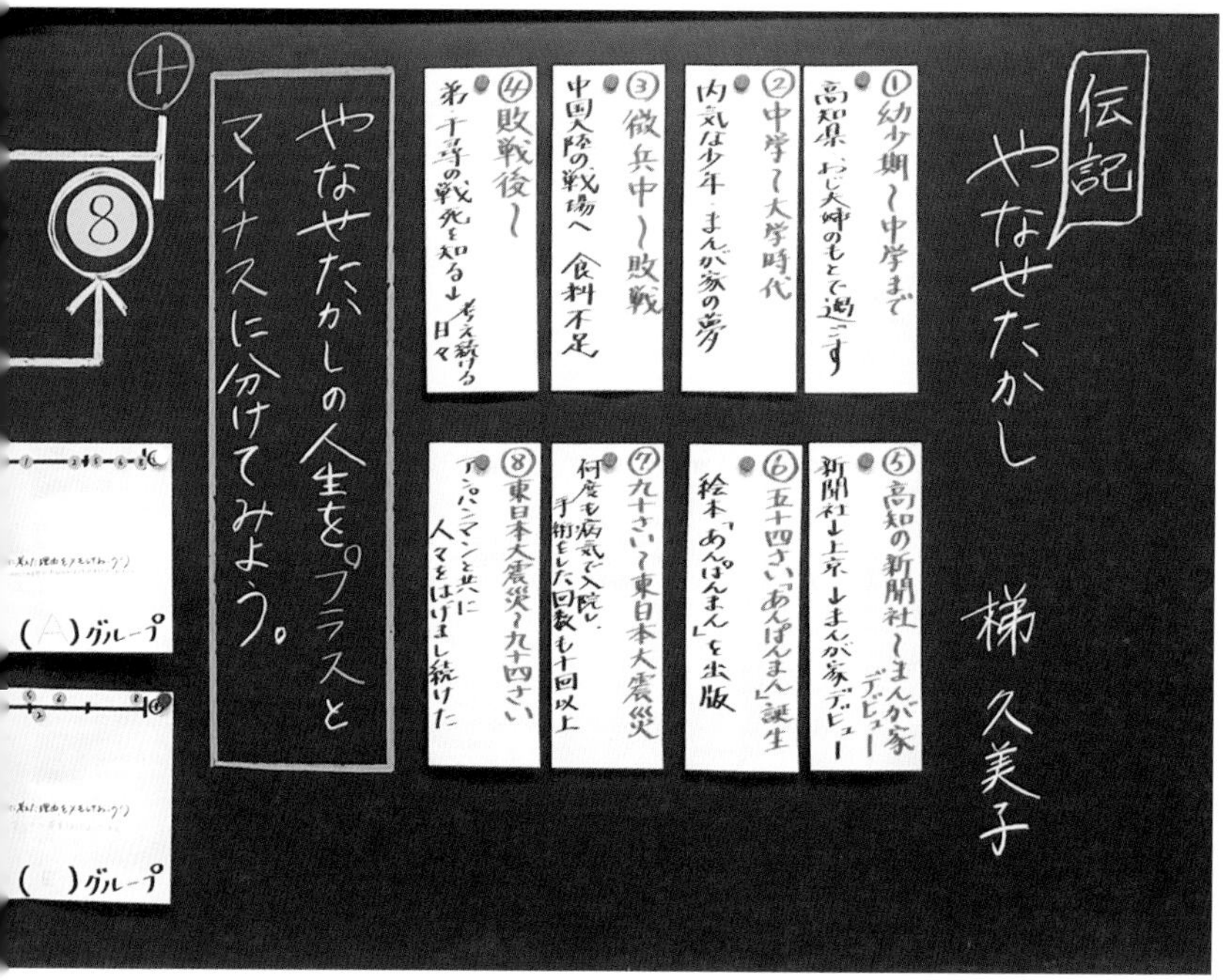

身に付けさせたい読みの力

●要点、作品の評価、筆者の書きぶり

教材の特性

波乱万丈なやなせたかしの人生を筆者の視点から描いた伝記です。子どもたちは、「やなせたかし」という人物の人生を学びますが、それは筆者の捉えた一つの視点であることも「伝記の特性」として学ばせたい部分です。

誰もが知っている「アンパンマン」ですが、そのヒットはやなせたかしの晩年の出来事でした。それまでの多くの苦労がやなせの生き方の根幹となる思考をもたらし、人生を豊かにすることへとつながっています。このつながりを読み取りながら、筆者の書きぶりについても学びましょう。

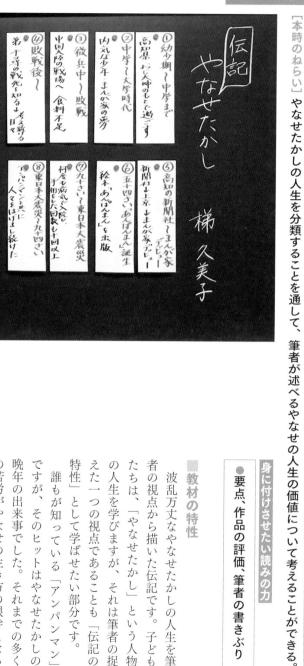

スケーリング型「やなせたかし」

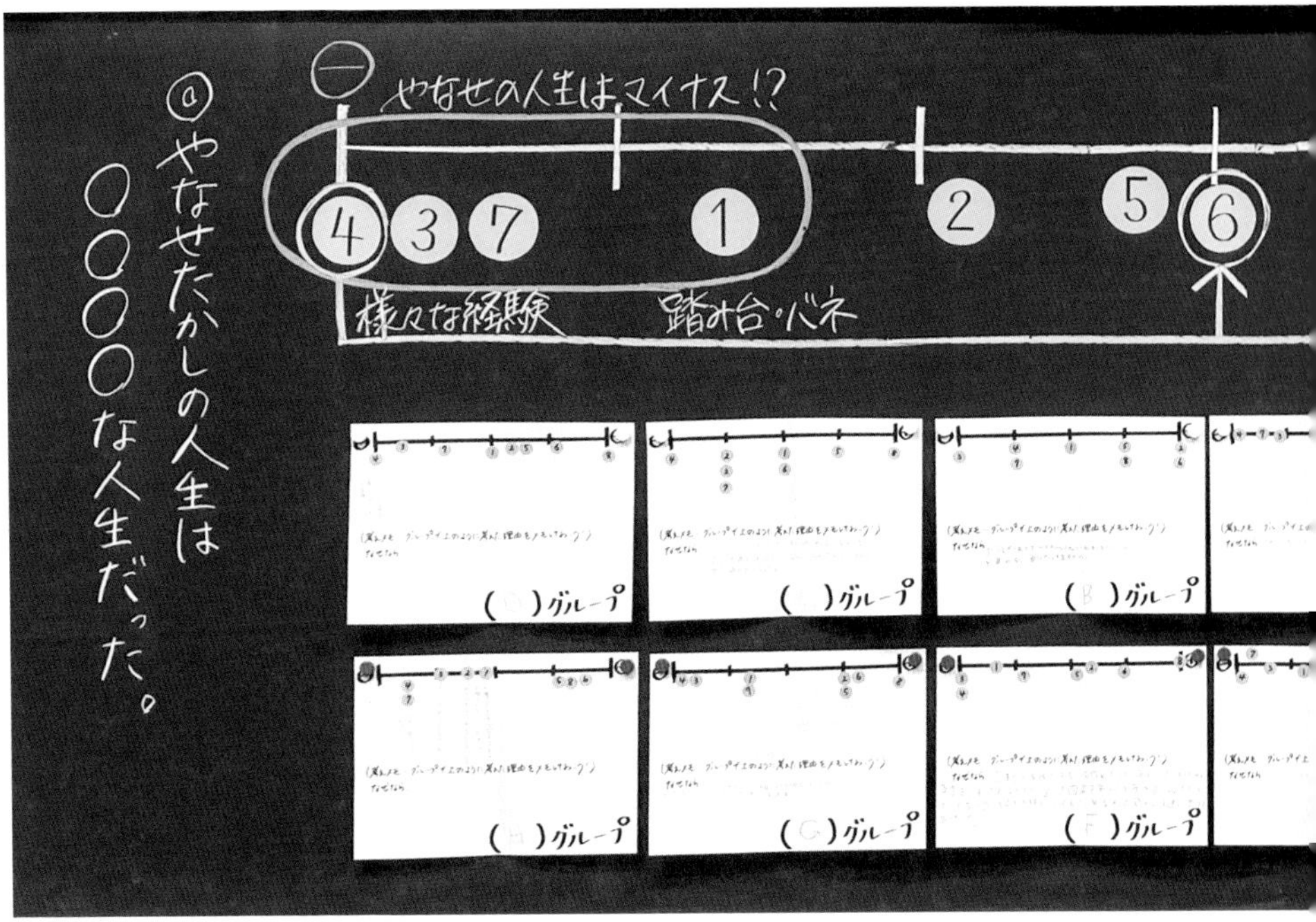

立体型板書のポイント

スケーリング型を用いることで、人生をプラス・マイナスの基準で可視化します。人生の区切りごとに短冊を用意し、どの部分に当てはまるか判断させます。ホワイトボードを活用してグループで意見をまとめさせ、全体で共有しながら板書にもまとめます。

マイナス部分に多くの短冊が集まりますが、はたしてこの人生はマイナスだったのかを再思考させ、思考を深めるきっかけにしましょう。

論理的思考力を育てるポイント

比較・分類

やなせたかしの人生を八つに区切り、プラスとマイナスに分類させます。それぞれの出来事を配置する中で筆者の描いたやなせたかしの人生を捉えることができます。スケーリングを用いることで、子どもたちは数値を基準に比較しながら判断することができます。

板書プロセス図

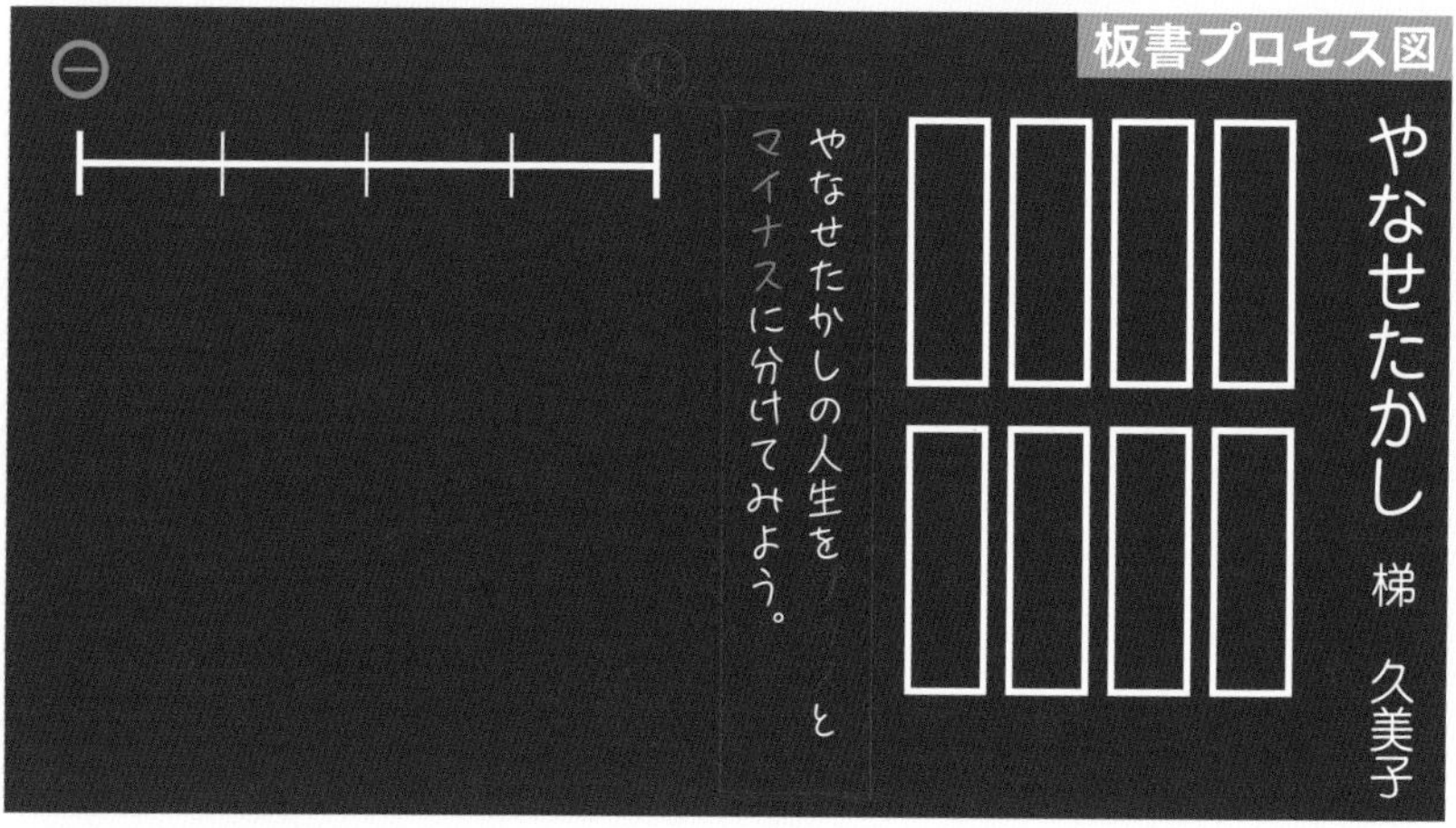

やなせたかし
梯 久美子
やなせたかしの人生を　と
マイナスに分けてみよう。

1 問題意識の醸成

前時の学習内容から、やなせたかしの人生にはどんな出来事が起こったのかを確認します（並べ替えクイズにしてもよい）。

T やなせたかしの人生ってどんな出来事があった?

C 「アンパンマン」を作ったよね。

POINT 1 初読を振り返り、どんな出来事が起こったのかを短冊にまとめ、時系列で整理します。

2 学習課題の提示と個人思考

> やなせたかしの人生をプラスとマイナスに分けてみましょう。どんな人生だったのかな?

わたしは（　　　）は一番マイナスの部分だと思います。なぜなら、……からです。

Check 3 考えの交流

板書プロセス図参照

C アンパンマンがヒットしたのはプラスだよね!

C 「徴兵中」は大変そうだね。「戦後」も弟の死があって、かなりマイナスに感じるなあ。

POINT 1

前時では「伝記」の概要と「最も印象に残ったやなせたかしの言葉」を話し合います。どのような出来事が起こったのかを確認しながら、スケーリングに配置する短冊を用意します。授業の全体像を示すことで、本時における思考のフレームを整えましょう。

POINT 2

思考をさらに深める場面です。板書には多くの項目がマイナスに集中していることが可視化されています。はたして「やなせの人生は幸せではなかった」と言えるのかを話し合うことで、やなせの晩年が豊かなものになったというつながりに気付かせ、学習のまとめへと向かいます。

グループ活動を取り入れます。ホワイトボードに八つの項目がどこに当てはまるかまとめましょう。全体ではグループのホワイトボードを見合いながら話し合います。

4 思考の深化

考えを深めるための補助発問

やなせたかしの人生は、「幸せではなかった」と言っていいですよね？

C でも、最後は幸せだったと思うんだけど……。

C マイナスだった部分が人生のプラスにつながっているんじゃないかな。

POINT 2

スケーリングで可視化された多くの項目がマイナスに固まっていることについて考え、思考を深めていく場面を設定します。

5 学習のまとめ・振り返り

T 今日の学習を振り返って、「やなせたかしの人生は○○○な人生だった」に入る言葉を書きましょう。

「帰り道」

（光村図書 6年） 3／4時

【本時のねらい】視点の順序を入れ替える活動を通して、文章構造や作品のしかけを捉えることができる。

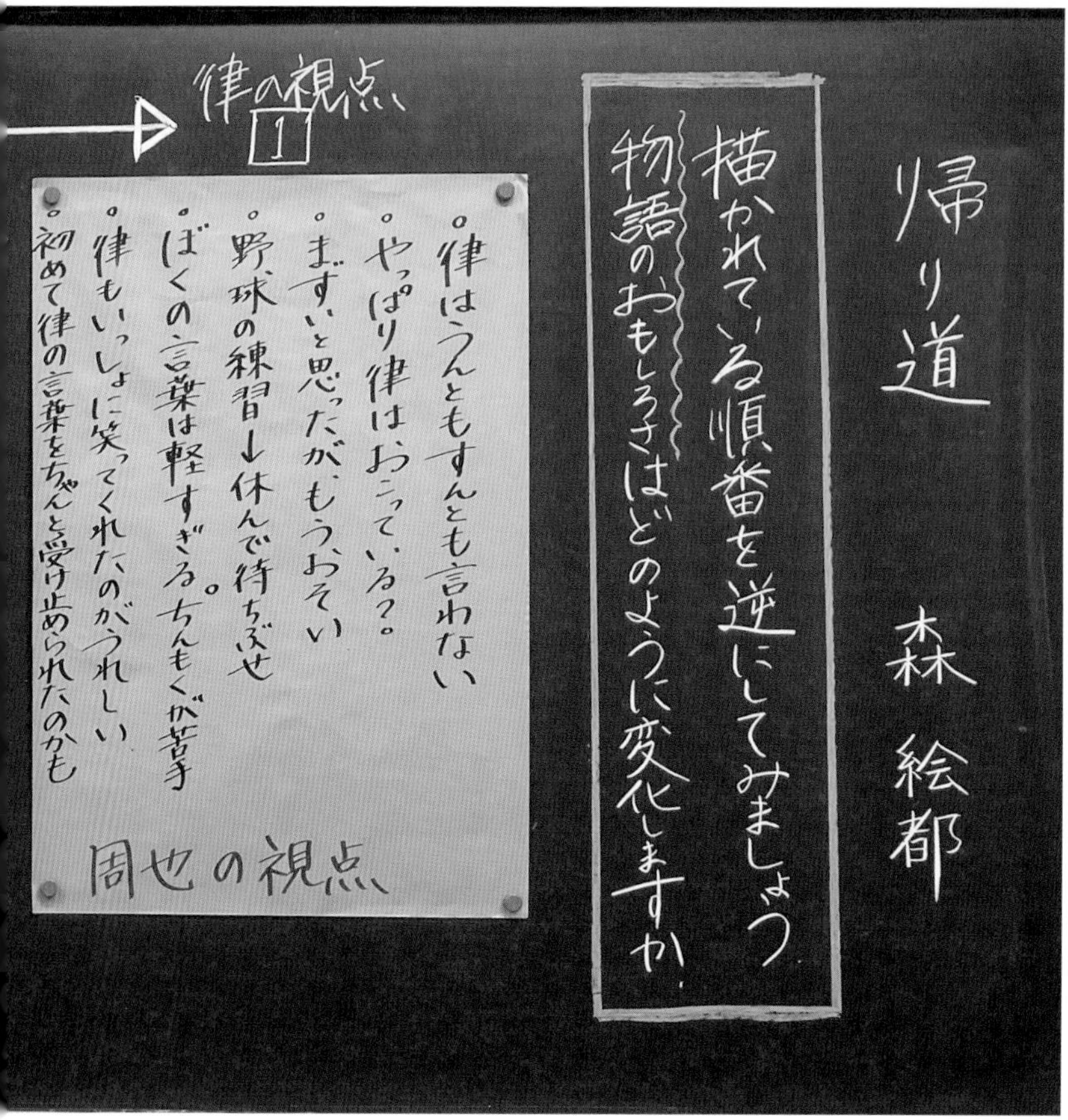

身に付けさせたい読みの力

●文章構造、作品のしかけ

教材の特性

物語の前半と後半で「律」と「周也」の視点が切り替わることが最大の特性です。視点が変わることで、多くの伏線が回収され、作品を読み進める読者にワクワク感を与えます。

律の視点から書かれている前半部分を読むだけでは分からない「周也の真実」が読者の想像を膨らませ、物語をおもしろくします。「実は周也はこんなことを考えていた」と謎解きのように、前半と後半がつながる作品のしかけを味わいながら読み進めましょう。

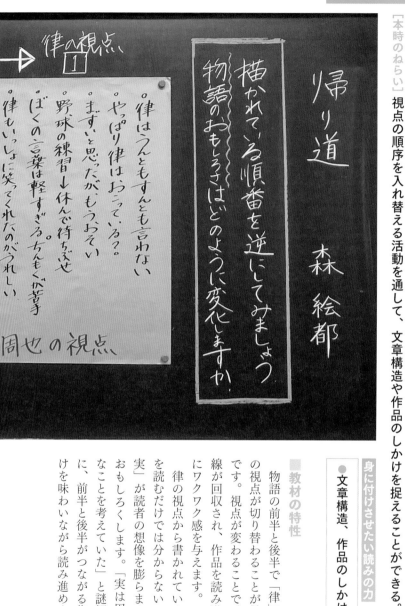

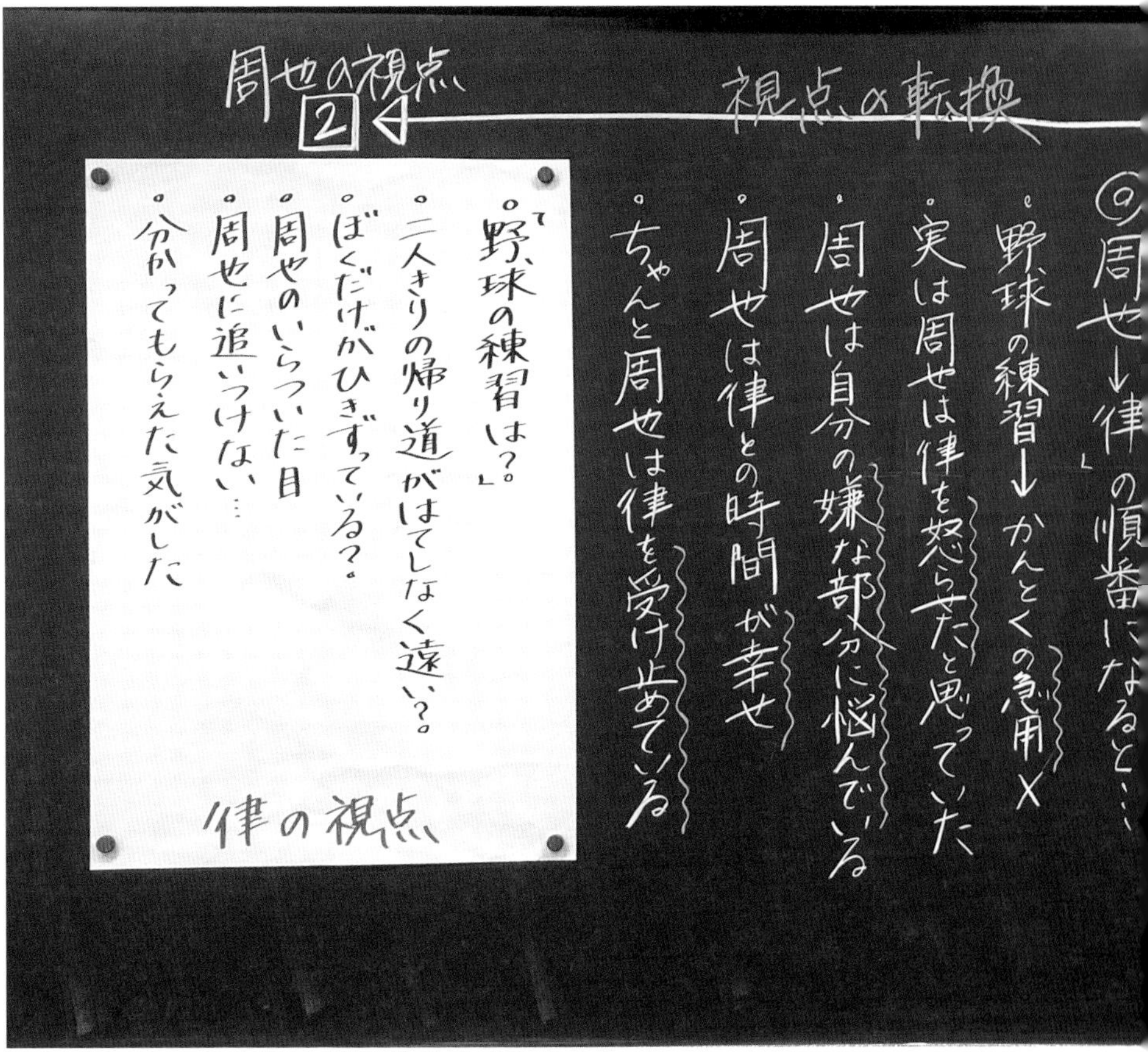
周也の視点
2
視点の転換
◎周也↓律の順番になると…
。野球の練習↓かんとくの急用×
。実は周也は律を怒らせたと思っていた
。周也は自分の嫌な部分に悩んでいる
。周也は律との時間が幸せ
。ちゃんと周也は律を受け止めている
。野球の練習は?」
。二人きりの帰り道がはてしなく遠い?。
。ぼくだけがひきずっている?。
。周也のいらついた目
。周也に追いつけない…
。分かってもらえた気がした
律の視点

立体型板書のポイント

第一～二時で学習したそれぞれの場面の様子を模造紙にまとめ、板書上で移動（入れ替え）できるようにします。実際に二つの場面を入れ替えることで、律の視点が先にあることのおもしろさに気付かせることができます。

周也の視点が先にくることで作品のしかけとして設定されていた「周也の真実」が分からないというおもしろさが失われることに気付かせましょう。

論理的思考力を育てるポイント

類推

「もし二人の順番が入れ替わったら、きっとこうなっていたはず」と推測することで「律→周也」の順で描かれる意味に気付かせます。律の視点で読んだ時に読者の頭に浮かぶ疑問が、後半の周也の視点になった時にスッキリと解決する構造の工夫やつながりに注目することで論理的思考を育てます。

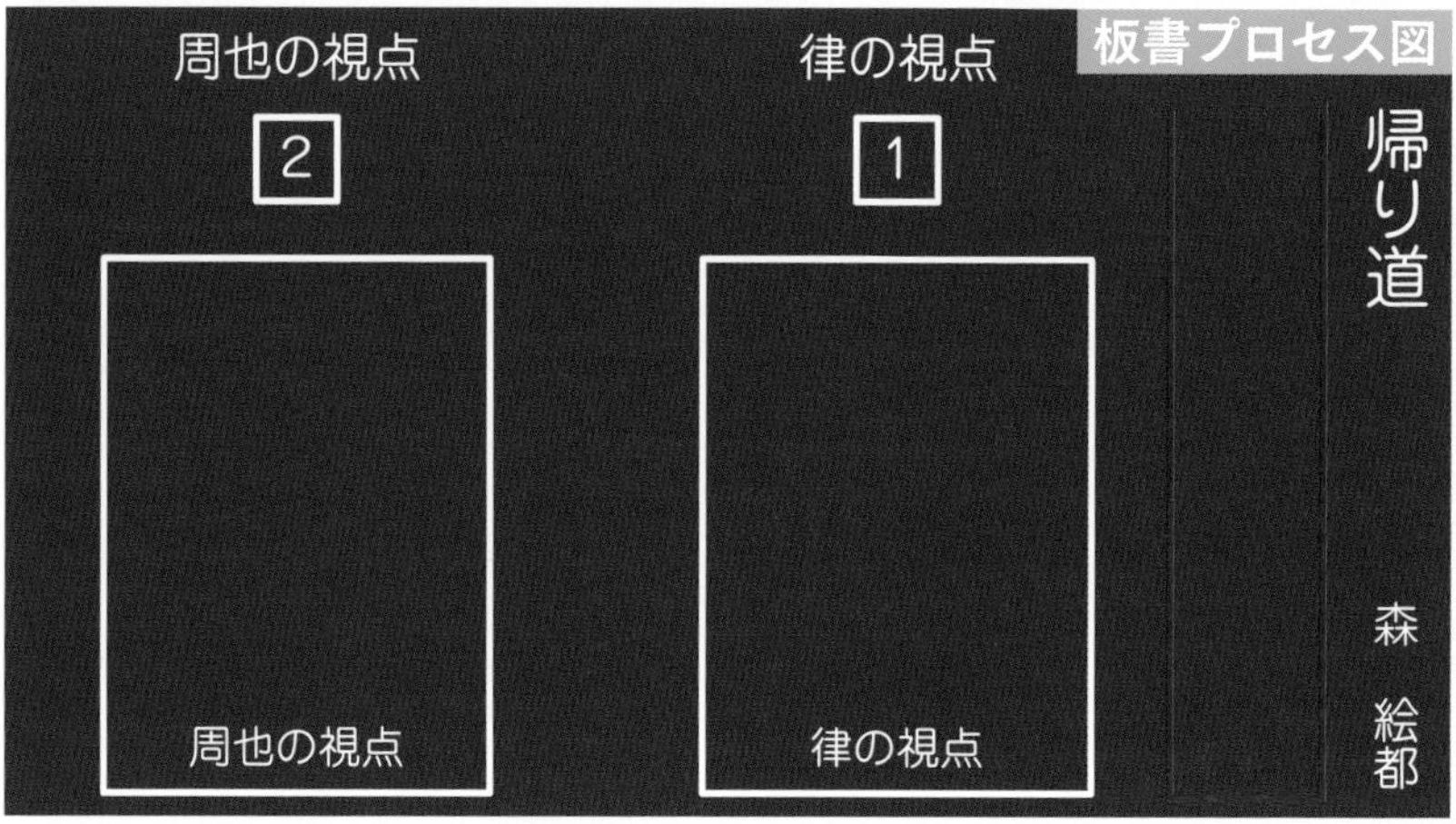

Check 1 問題意識の醸成

板書プロセス図参照

これまでの学習を振り返り、律と周也の視点で物語の内容を確かめましょう。

T それぞれの「モヤモヤポイント」はどこだったかな？

C 本当は周也がどう思っているのかの部分。

POINT 1

前時までに整理した律と周也の視点を確認し、お互いの「モヤモヤポイント」を話し合います。

2 学習課題の提示と個人思考

> 描かれている順番を逆にしてみましょう。物語のおもしろさはどのようなところが変化しますか。

C わたしは（　　　）が変わると思います。なぜなら、……からです。

3 考えの交流

C 周也が律を怒らせたことが強調されてしまうよね。

C 周也の悩む様子が強調されてしまうので、「実は周也が悩んでいる」という意外性がなくなる。

POINT 1
前時までの学習内容は、模造紙にまとめておきます。この模造紙には、それぞれの視点において読むだけでは分かりにくい部分を「モヤモヤポイント」として言葉にしておきます。
改めて「分かりにくい部分」を確認することで二つの視点のつながりを意識させましょう。

POINT 2
ここまで広げてきた「視点の転換の効果」について、あえて「一番」を尋ねることで思考を焦点化します。
「周也の視点」が後半にくることで、「律の視点」とのつながりが生まれ、モヤモヤが解決するという作品のしかけを確認しましょう。

C 最後の場面でちゃんと律を受け入れていることが先にネタバレしちゃっているよ。

周也の視点が先にくることで「分からない部分」があるおもしろさが失われることに気付かせましょう。

4 思考の深化

考えを深めるための補助発問

たくさんの気付きがありましたが、一番「モヤモヤ→すっきり！」と思ったのはどれでしたか。

C 最後の「周也が受け止めた」ところです。律の一方通行じゃなかったんだと安心しました。
C 実は周也も悩みを抱えていることを知った時！

POINT 2
導入で確認した「モヤモヤポイント」が読者の立場で解決したおもしろさを共有しましょう。

5 学習のまとめ・振り返り

T 視点の順序を実際に入れ替えると、文章構造の意味や作品のしかけが見える化されて、気付きもたくさんありましたね。

「やまなし」

（光村図書 6年） 2／8時

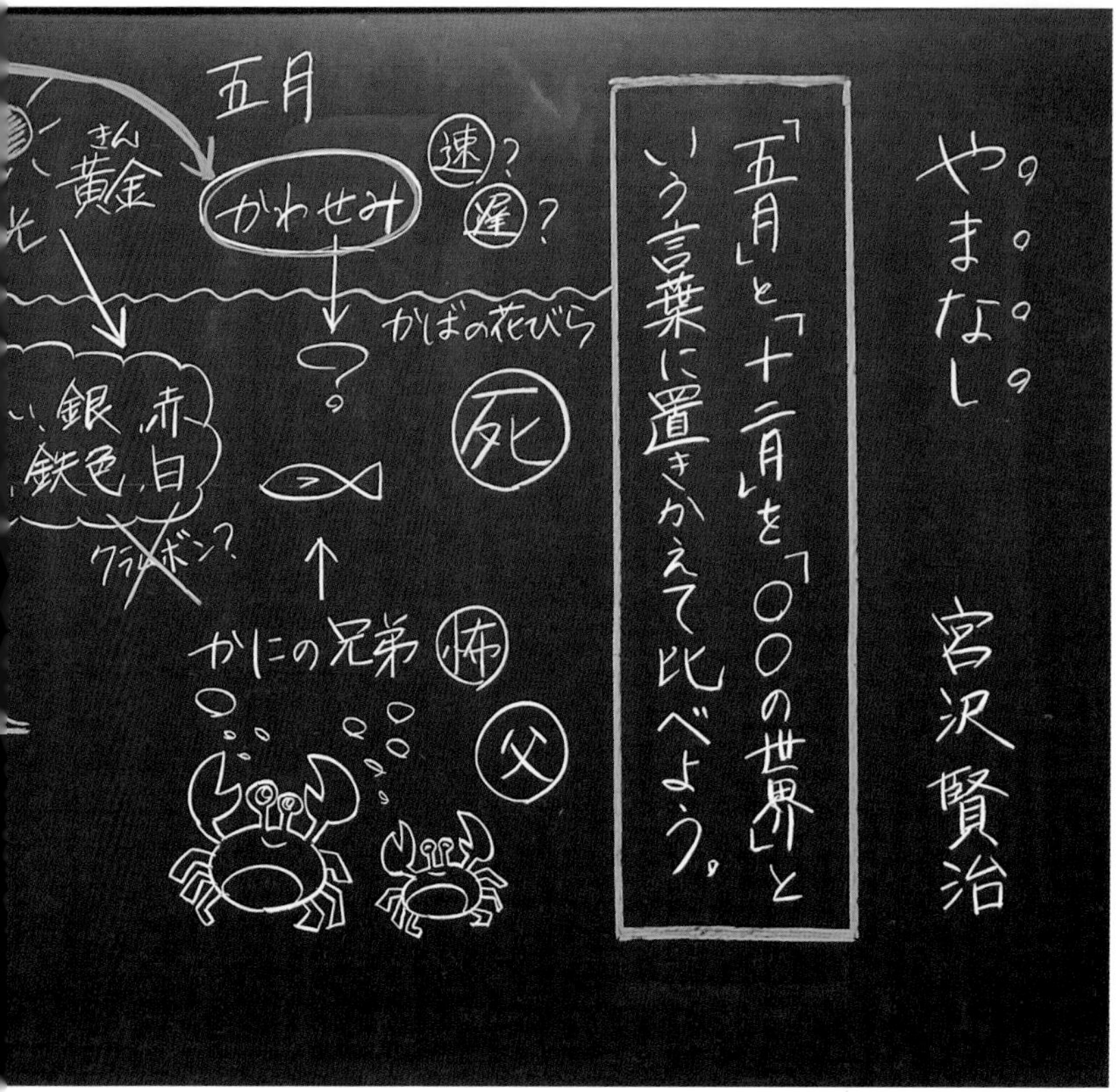
やまなし
宮沢賢治
「五月」と「十二月」を「○○の世界」という言葉に置きかえて比べよう。
五月
黄金《きん》
かわせみ
速？
遅？
かばの花びら
？
死
銀
赤
鉄色
白
クラムボン？
かにの兄弟
怖
父

【本時のねらい】二つの場面を一言に言い換える活動を通して、場面の様子の違いや変化に気付き、文章の構造を捉えることができる。

身に付けさせたい読みの力

●場面の比較、文章構造

教材の特性

宮沢賢治の独特の文学世界が描かれた作品です。これまで多くの授業実践では「五月」と「十二月」の場面比較を通して、「違い」を捉える学びが展開されています。この授業づくりの視点をベースにした上で、他教材でも場面の様子を図式化することで、より細かな変化や様子を捉えることが可能になります。

二つの場面に印象的に描かれた「かわせみ」と「やまなし」の順序が逆転した場合を仮定することで文章構造のしくみや題名とのつながりにも気付くことが可能になります。

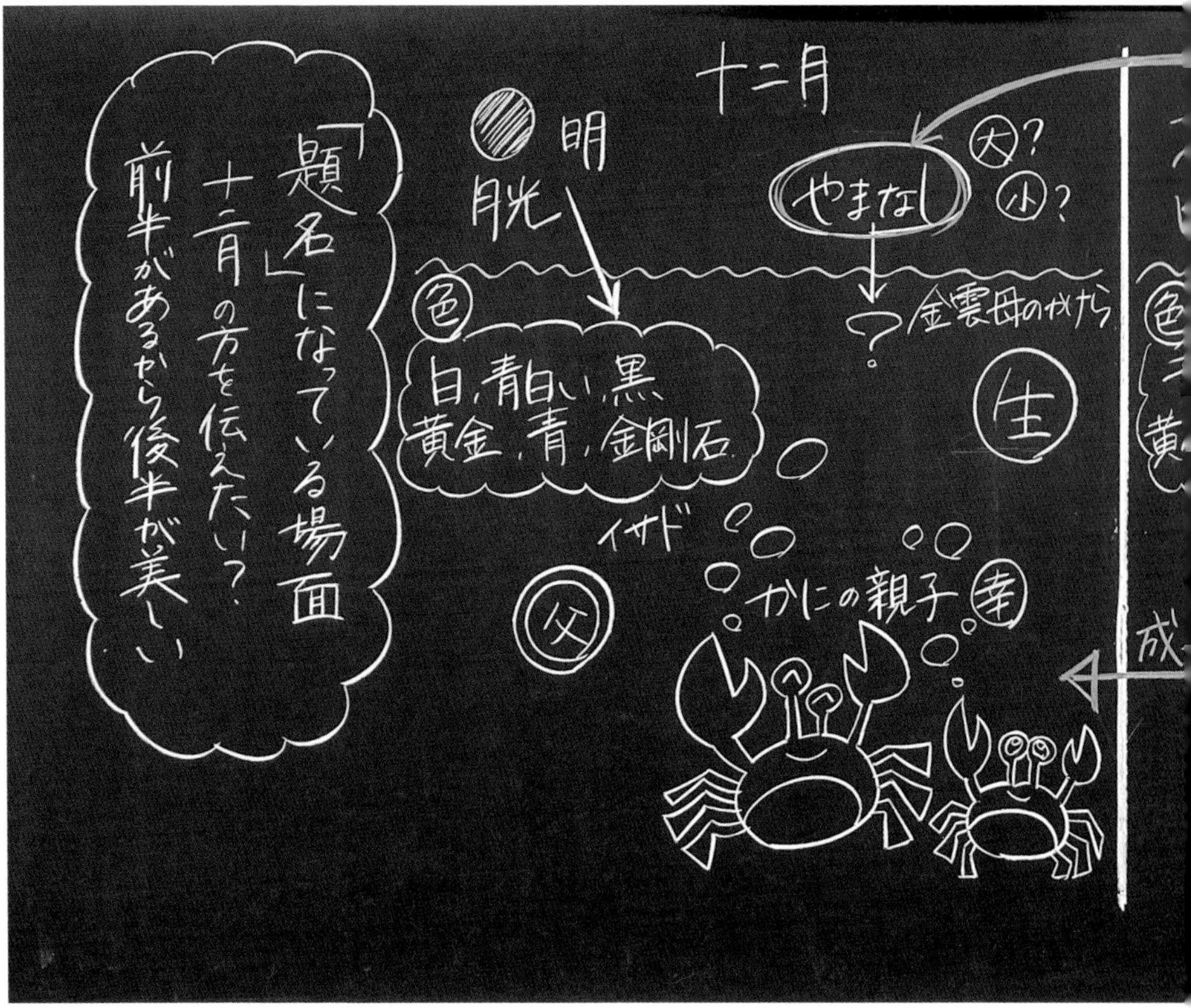

立体型板書のポイント

二つの場面を人物相関図で捉えることで、それぞれの違いはもちろん、場面の様子の変化までも捉えることができます。子どもたちが表現する「○○な世界」という言葉を板書に位置付けながら、物語の世界の動きが可視化されるようにしましょう。

子どもたちが頭の中で映像化できる板書を目指す一方、イメージの固定化によって思考の余白をなくしすぎないようにも配慮しましょう。

論理的思考力を育てるポイント

関連付け

それぞれの場面を「○○な世界」という一言に置き換えることで抽象的な文学の世界を子どもたちの言葉で具体化していきます。二つの場面を比較しながらも、授業後半では場面の様子と構造を関連付けた思考を引き出しましょう。

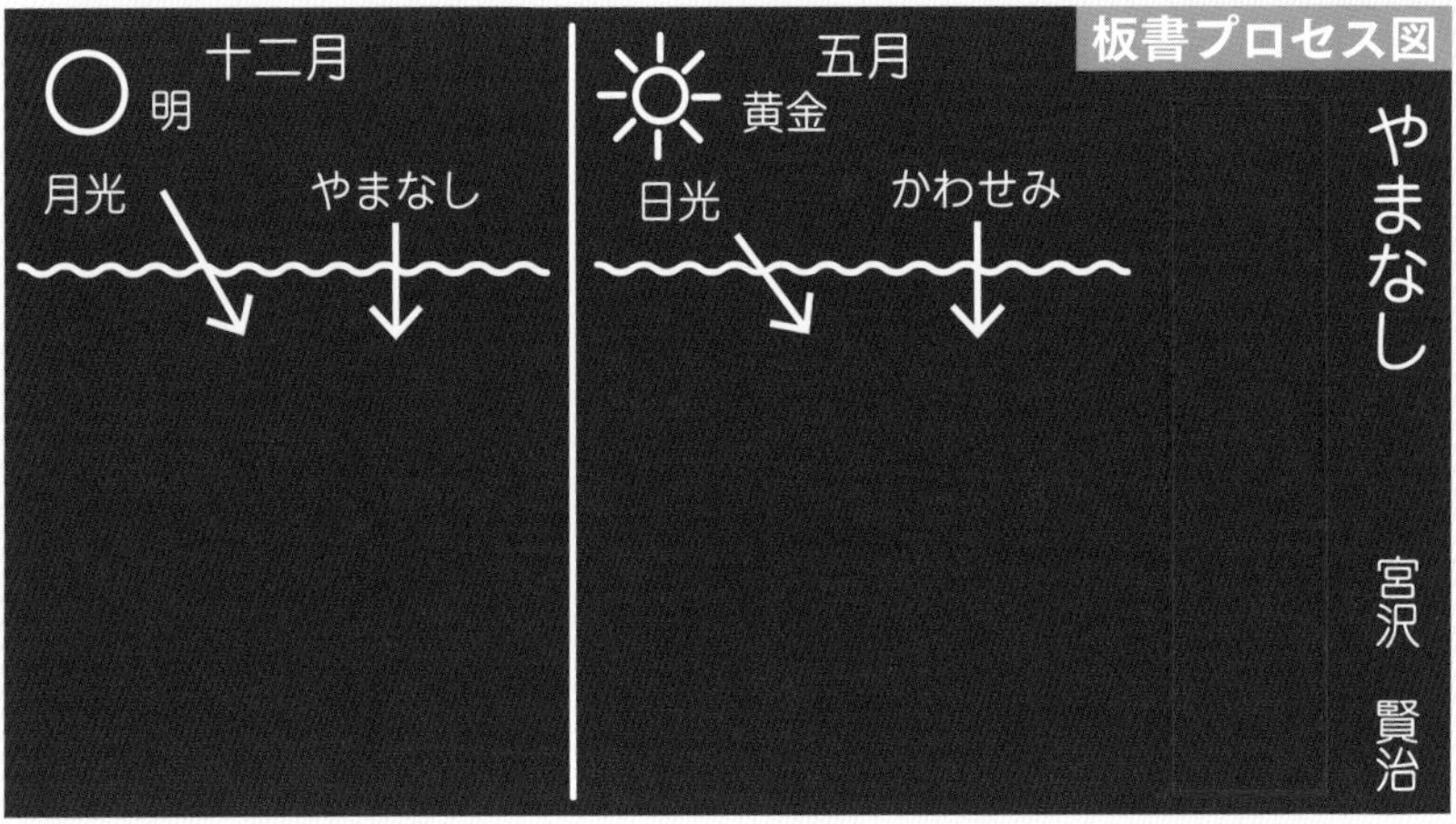
板書プロセス図
やまなし
宮沢　賢治
五月
黄金
日光
かわせみ
十二月
明
月光
やまなし

Check

1 問題意識の醸成

板書プロセス図参照

二つの場面の水上の様子を確認しましょう。

T 二つの場面の水の上では、どんなことが起こっていましたか？イメージできますか？

C 「かわせみ」と「やまなし」が落ちてくる前は……。

POINT 1

この後、議論の中心は水中の様子が中心になるため、あえて水の上での様子に注目しましょう。

2 学習課題の提示と個人思考

「五月」と「十二月」を「○○の世界」という言葉に置き換えて比べよう。

C わたしは（　　と　　）です。なぜなら、……からです。

3 考えの交流

C 「死の世界」と「生の世界」だと思う。かにの兄弟も怯える五月と希望の十二月って感じかな。

C 「日光の世界」と「月光の世界」。色に注目すると場面の様子がよりイメージできると思う。

POINT 1
本時の学習課題に対する子どもたちの思考は「水中での出来事」が中心になることが予想されます。そのため、あえて導入では水上の様子を板書で整理しておきましょう。子どもたちの視点を教師の発問によって意図的に焦点化することで作品の捉え方を広げることができます。

POINT 2
谷川の中に落ちてきたものの順序を入れ換えることで、内容面から文章の構造に視点を移します。前半の特性が後半の場面を生かすことにつながっている点に気付かせましょう。また、題名の「やまなし」と後半場面のつながりについても焦点化し考えることができます。

C 「兄弟の世界」と「親子の世界」。
それぞれの場面を一言に表現しながら、その理由を説明させる中で細かな場面の様子も比較しましょう。

4 思考の深化

考えを深めるための補助発問

もしも二つの場面で落ちてくるものが入れ替わっていたら、この物語はどう変わっちゃうかな。

C 前半の怖い部分があるからこそ、後半のキラキラした場面が美しく映るのだと思います。
C 前半が明るいと後半の暗い部分が印象に残っちゃうのでは？題名も「かわせみ」になっちゃうのかな？

POINT 2
題名「やまなし」との関連付けでしかけの順序性に迫りましょう。

5 学習のまとめ・振り返り

T 作品全体を見た時に、なぜこの順序で描かれ、どんな効果があるのかも見えてきましたね。

「海の命」（光村図書 6年）4／6時

［本時のねらい］三つの海の美しさを比較することを通して、太一から見た海の変化を読み取ることができる。

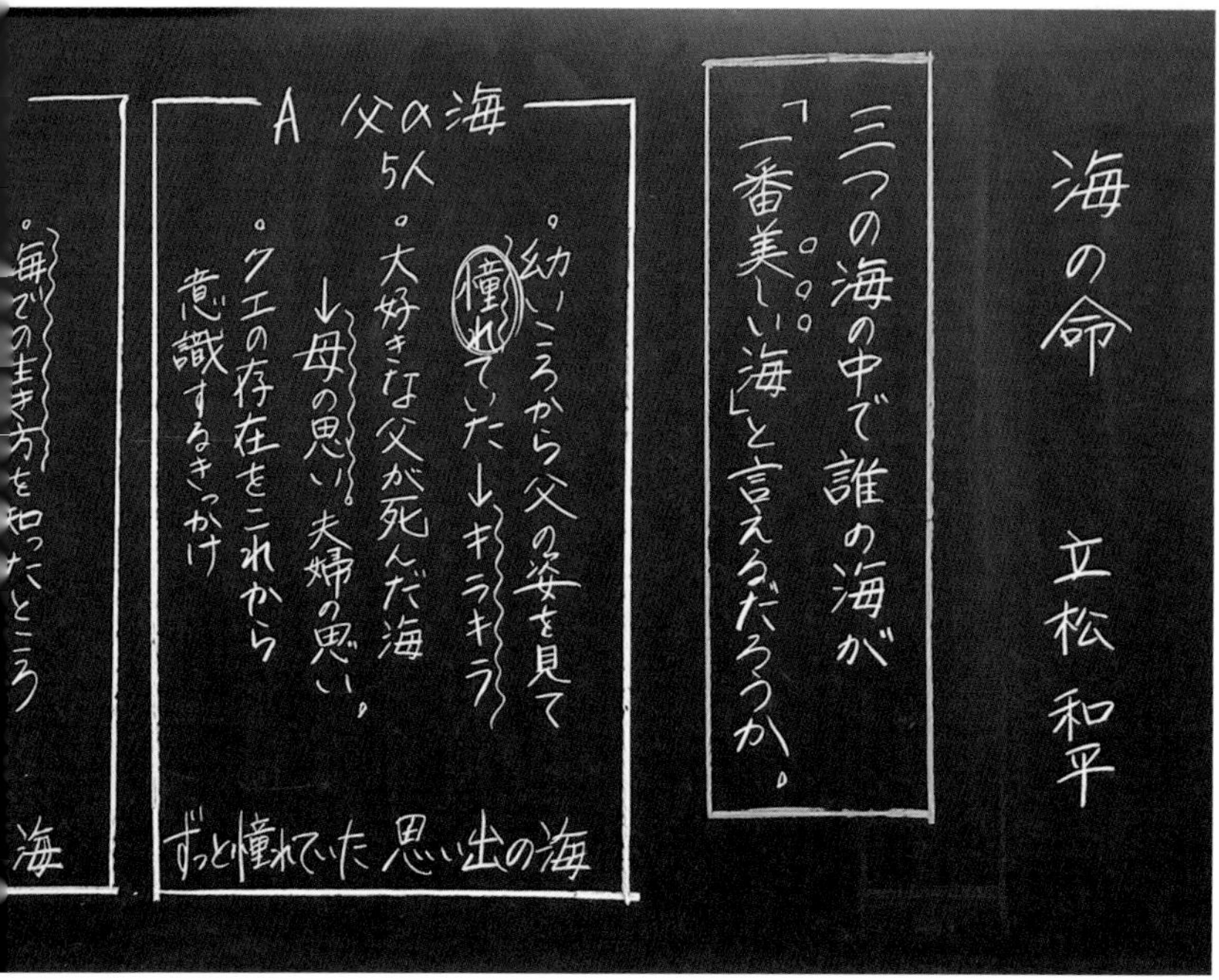

身に付けさせたい読みの力

●中心人物の心情の変化、情景描写

教材の特性

主人公・太一が生きている海は、憧れていた父や師匠である与吉じいさも生きてきた海です。時間の流れと共に変わっていく海の中で、太一は多くの経験を積みながら成長します。

物語の中では、父の海、与吉じいさの海、そして太一の海が印象的に描かれます。物語の冒頭、「海のどんな表情でも、太一は好きだった。」とあるように太一の心が海の姿に反映されているとも読み取れます。

海と共に生きる太一の人生を味わいながら、文学の世界を楽しみましょう。

類別型「海の命」

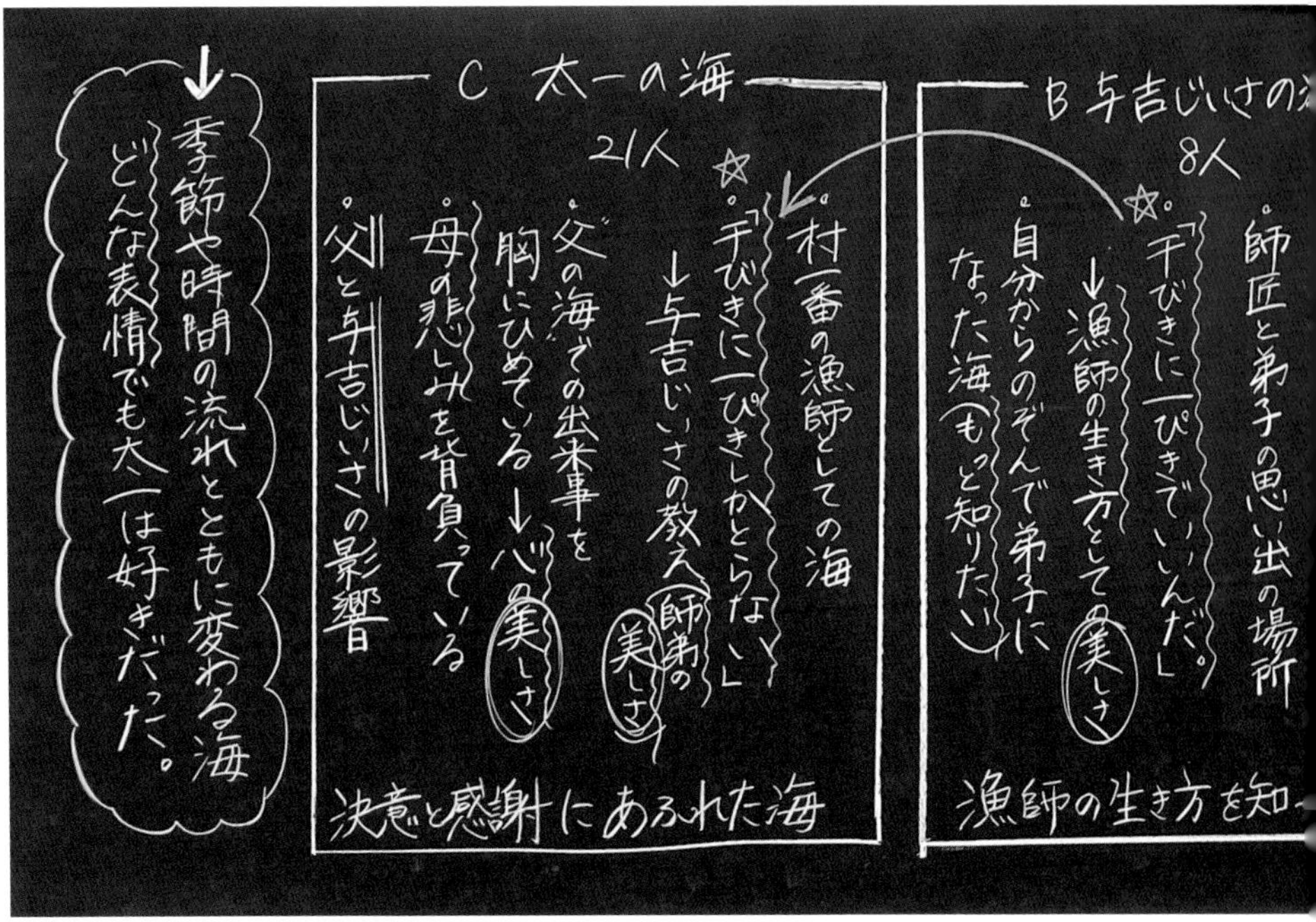

立体型板書のポイント

三つの海を比較する形で子どもたちがどのような点から「海の美しさ」を読み取っていたのかを整理します。

この対比型の板書を授業後半では類別型へと変化させます。それぞれの根拠や理由を「〇〇〇な海」と一言に言い換えることで、父や与吉じいさ、そして太一の海に新たな価値を見出すことができるはずです。

論理的思考力を育てるポイント

比較・分類

様々な姿を見せる「海」について、「美しさ」という観点から比較することで太一の世代にまで受け継がれている海への理解を深めることができます。

また、「太一から見た海」という視点でネーミングすることで、話合いの中で培った言葉を具体から抽象へと引き上げましょう。

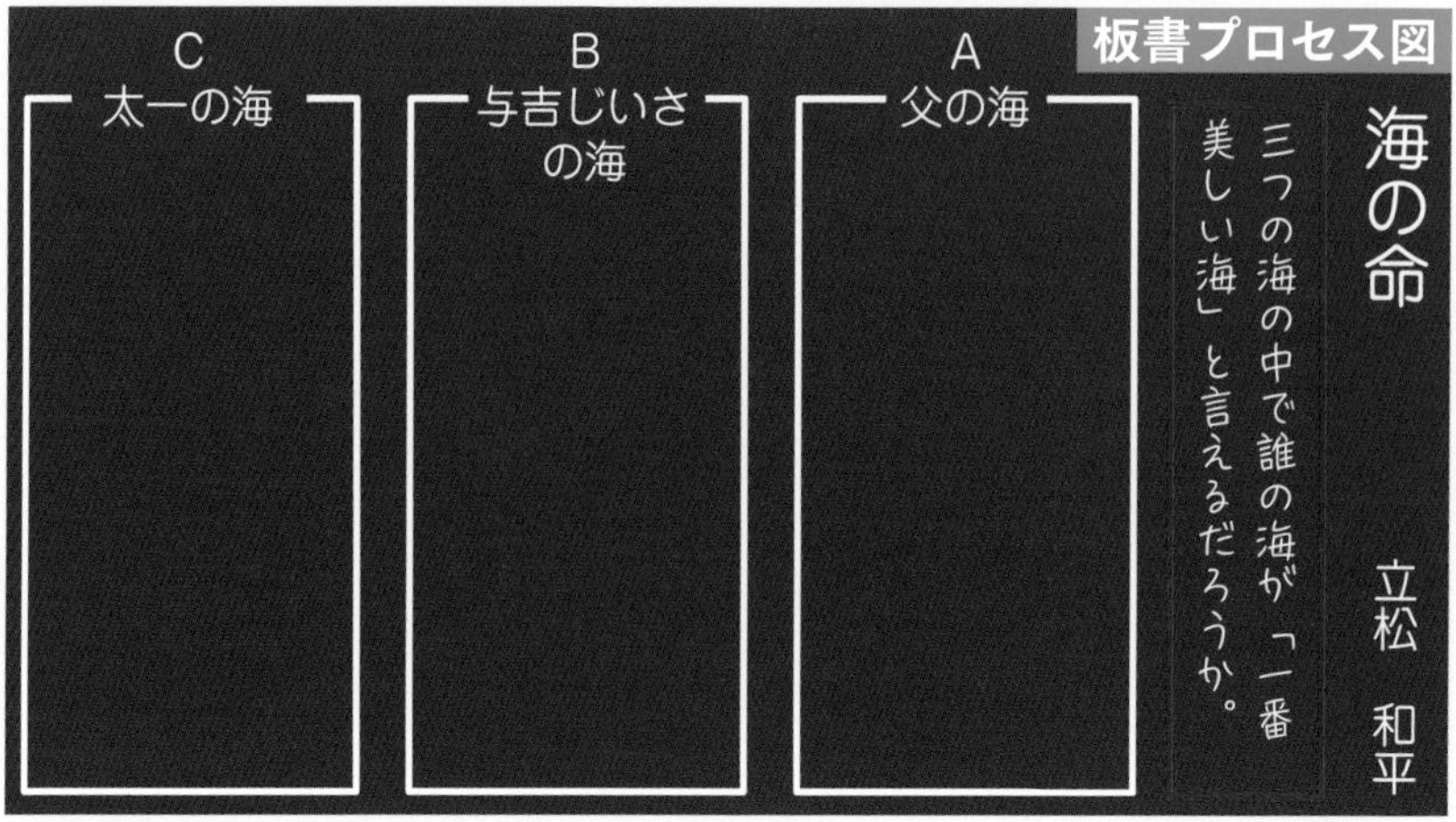

1 問題意識の醸成

海の様子が書かれた短冊を提示し、誰の海のことを表現している文章かクイズを行います。

T 今から見せる文は誰の海についてのことでしょう。

C 確か、「光る緑色の目をしたクエ」がいたのは……。

文章に書かれている海の様子と登場人物を結び付けることで、これまでの学習を確認します。

2 学習課題の提示と個人思考

> 三つの海の中で誰の海が「一番美しい海」と言えるだろうか。

C わたしは（　　　　）の海が一番美しいと思います。なぜなら、……からです。

Check 3 考えの交流

板書プロセス図参照

C わたしは、太一の海です。家族と共に幸せに過ごしている場面が描かれていて心の美しさを感じるから。

C 父の海です。怖さもあるけれど、ずっと太一が憧れていた存在が父だし、その父が生きた海だから美しさを感じます。

POINT 1

子どもたちが三つの海をどのように解釈しているのかを比較します。それぞれの海のもつ「美しさ」というプラスの面に光を当てて、板書で思考を整理します。共通する言葉があれば、それぞれを色チョークでつなぐと言葉を関連付けることができます。

POINT 2

話合いを通して見えてきたそれぞれの海の美しさですが、「太一から見た海」という視点に焦点化することで新たな言葉を紡ぎ出します。

三つの海に付けた名前を横につなげることで太一の生きてきた海の変化を読み取ることにもつながっていくでしょう。

POINT 1

それぞれの海の「美しさ」という視点から議論します。解釈を共有することで海に込められた心を読み取らせましょう。

4 思考の深化

考えを深めるための補助発問

それぞれの海を太一にとって「〇〇〇な海」とすれば、どんな言葉を入れますか？

C 父の海は、「ずっと憧れていた思い出の海」です。父と一緒に太一は海に出たかったと思う。

C 与吉じいさの海は「漁師の生き方を知った海」です。太一が漁師としての生き方を築いた場所だから。

POINT 2

太一の視点からそれぞれの海を捉え直す活動で、新たな価値を見出しましょう。

5 学習のまとめ・振り返り

T 太一の人生は、海と共に変化してきたことが分かりました。みんなの名付けた海がとても印象的でした。

COLUMN

Q&A ①

私は、絵が下手なので、「立体型板書」はできそうにありません。どうすればよいですか？

実は、前作の『「立体型板書」の国語授業―10のバリエーション―』を執筆した際から、一番懸念していたことが、この「ビジュアル重視」と捉えられがちな部分です。

私は、昔から絵を描くことが好きでしたので、授業中、黒板に登場人物や説明文の内容に関わるイラストを描くことは全然苦ではありません。しかし、中には「絵を描くことは大の苦手」という声も先生方から聞いています。

そんな時は、**教科書の挿絵や自分で撮影した写真等を印刷して使用**しても全く問題ありません。目の前でチョークを用いて描かれた絵は、子どもたちも喜んでくれますが、あくまでも国語の授業ですので……。**大切なことは、思考のフレームを黒板上にどのようにデザインし、子どもたちの考えをつなぎ、広げ、深めていくのかという点**です。

また、どのタイミングで絵を描くのかということについては、授業前の休み時間でもよいと思いますし、学習課題を子どもたちに投げかけ、個人思考の最初のタイミングでもよいと思います。「絵なんか描かずにすぐに机間指導に入るべき」との声もありますが、私は**「まずは、どの子も一人でじっくり考えさせること」**を大切にしています。その上で、悩んでいる子には個別の支援を行います。

「立体型板書」の大枠となる10のバリエーションについては、前作で詳しく解説しておりますので、そちらをご覧いただければと思います。この10の大枠を頭の中にイメージしながら、子どもたちの思考を整理し、新たな刺激を生み出す場に創り上げていただければと思います。

COLUMN

Q&A ②

ノート指導はどうしているのですか？ 全部書き写させていますか？

「こんなすごい板書を子どもたちがノートに写せているのですか？」という声をよくいただきます。答えは、「NO」です。

まず、板書をそっくりそのままノートに写さなければならない目的は何でしょうか。その答えの一つとして「視写する力を育てるため」があります。では、説明文や文学の授業でその力を育てることが本当に大切なのでしょうか。私の考えは「NO」です。視写の力は、ほかの時間で鍛えることができます。それよりも、説明文や文学の授業では、**自分と他者の解釈の違いや共通点に気付いたり、自分の考えを言葉にして分かりやすく伝えたりする力**を伸ばしてあげたいと考えています。ですから、ノートに関して、子どもたちには次のように伝えています。

「課題に対する自分の考えとその理由は全員がしっかりと書くこと。その上で、話合いの時間になったら、黒板を書き写したい人は書きながら参加してもいいです。ただ、書き写すことにいっぱいいっぱいになって話合いに参加できないということはないようにしましょう。」

実際は、大切だと思った友達の考えや学習のキーワードをメモに残している子がほとんどです。しかし、クラスには板書をノートにしっかり残しながらも話合いに参加する子はいます。私もそのようなタイプの人間なのですが、おそらく、**「書くことで自分の思考を整理できるタイプの子」**なのだと思います。一人ひとりの個性に合わせながら、「思考の活性化」を大切にした授業へとつながるノート指導につなげていただけたらと思います。

COLUMN

Q&A ③

「立体型板書」の考え方は、ほかの教科でも使えますか？

もちろんです。私はこれまで国語科における「立体型板書」について提案してきましたが、この考えを他教科にも生かして実践を行っている先生方もいらっしゃるこというご報告をたくさんいただいています。

具体的には、**理科や社会科、音楽や道徳の授業、そして外国語活動、日本語教育の領域にまでわたって、幅広く活用していただいている**ようです。私にとって、こんなに嬉しいことはありません。実際の板書写真もたくさん見せていただきましたが、どのご実践も子どもたちの思考のつながりが可視化され、**「思考プロセス」を大切にしたものばかり**でした。

理科や社会科では、「対比型」や「ベン図型」を用いることで、共通点や相違点を明らかにし、学びを深めるきっかけとして活用する実践が多いようです。また、道徳や音楽の授業では「スケーリング型」を活用し、葛藤する気持ちや曲の感じ方を数値化しながら、他者と共有することで効果を発揮するようです。

このように国語科だけに留まらず、他教科においても「立体型板書」が活用される背景には、**「板書することを目的としていない」**点に要因があると感じています。あくまでも**板書は「手段」**です。子どもたちの学びを広げ、深めるために有効な学習ツールの一つとして用いているという読者の先生方の姿勢がひしひしと伝わってきました。

ぜひ、今後も「立体型板書」の考え方を柔軟に活用していただき、子どもたちの教育に役立てていただければと思います。

あとがき

初の単著の出版から一年。今回、このような形で私の国語授業づくりの一端を発信することができたことに幸せを感じています。この本を執筆した最大の目的。

この本を手に取ってくださった読者の先生方と一緒に教材研究をしながら、「立体型板書」の国語授業づくりができる一冊を創りたい。

この本の前にいる読者の皆様のことを思い浮かべながら、対話する想いで執筆を進めてきました。これまで国語授業づくりに悩みを抱えていた先生が「立体型板書」の授業の魅力を感じ、「自分の授業にも取り入れてやってみよう！」と心が動いていただけたらこれ以上に嬉しいことはありません。ぜひ、明日の授業から挑戦してみてください。子どもたちがあなたの楽しい国語の授業を待っています。

また、他教科においても「立体型板書」の考え方を応用し授業実践を行ってくださったというご報告もいただいております。私たちが日頃接している子どもたちと同じように、「立体型板書」もまだまだ多くの可能性を秘めています。読者の皆様の柔軟な発想と目の前の子どもたちのコラボレーションによって、今後、ますます「立体型板書」が日本の教育のお役に立てることを願っています。

恩師・長崎伸仁先生から学んだ板書の極意こそ「私のすべて」です。まだまだ恩師の足元にも及ばない私ですが、師からの「継続は力なり」との大激励の言葉を常に自分の胸に抱きつつ、これからも一歩ずつ学び続けます。

また、昨年、桂聖先生プロデュース・国語授業イノベーションシリーズの一つとして、「立体型板書」を世の中に発信させていただけたことが、このような「新たな挑戦」の機会へとつながりました。日頃から、桂先生に温かい励ましのお言葉で御指導いただけることが、日々の私の授業実践のエネルギーです。心から御礼申し上げます。また、今後も御指導よろしくお願いいたします。

これまで関わってきた未来の宝である子どもたち、職場の先生方、そしてたくさんの研究仲間がいたからこそ、今の私があります。縁してきた一人ひとりの顔を思い浮かべながらこの本の締めくくり、そして次へのスタートとなるこの「あとがき」を書いています。すべてが私の「財産」です。皆様への感謝の想いでいっぱいです。いつも本当にありがとうございます。

そして、東洋館出版社の刑部愛香さんには、前回に引き続き、本当にお世話になりました。まだまだ未熟な私にとって、今回の単著二冊同時発刊という大きな挑戦に最後まで諦めずに取り組むことができたのも、刑部さんの細やかな配慮と私の教育実践への価値付けの言葉があったからだと痛感しております。本当にありがとうございました。今後もどうぞよろしくお願いいたします。

最後になりますが、私のことをいつも陰ながら支え、励まし続けてくれた妻への最大の感謝と二人の愛する我が子の未来を願いつつ、筆を置きたいと思います。いつも本当にありがとう。

沼田拓弥

大内善一（一九九〇）「学習思考のモデル図としての板書―思考の混乱を招く板書は問題だ―」『教育科学国語教育』４３３号　明治図書出版
大西道雄（一九九〇）「授業の動態に応じ、多様な子どもの反応を組織する板書を」『教育科学国語教育』４３３号　明治図書出版
岡本美穂（二〇一六）『子どもの力を引き出す板書・ノート指導の基本とアイデア』ナツメ社
桂聖編著（二〇一八）『「めあて」と「まとめ」の授業が変わる「Which型課題」の国語授業』東洋館出版社
加藤辰雄（二〇一八）『本当は国語が苦手な教師のための国語授業の板書・ノート指導小学校編』学陽書房
栗田正行（二〇一三）『わかる「板書」伝わる「話し方」』東洋館出版社
栗田正行（二〇一七）『9割の先生が知らない！すごい板書術』学陽書房
輿水かおり（二〇一八）「これからの授業改善に向けた板書の課題」『教育科学国語教育』８２２号　明治図書出版
筑波大学附属小学校国語教育研究部編著（二〇一六）『筑波発読みの系統指導で読む力を育てる』東洋館出版社
中洌正堯監修（二〇一七）『アクティブ・ラーニングで授業を変える！「判断のしかけ」を取り入れた小学校国語科の学習課題48』明治図書出版
長崎伸仁編著（二〇一四）『「判断」でしかける発問で文学・説明文の授業をつくる　思考力・判断力・表現力を共に伸ばす！』学事出版
長崎伸仁・桂聖（二〇一六）『文学の教材研究コーチング』東洋館出版社
長崎伸仁監修(二〇一六)『子どもに深い学びを！小学校アクティブ・ラーニングを取り入れた国語授業』東洋館出版社
長崎伸仁編著（二〇一六）『物語の「脇役」から迫る全員が考えたくなるしかける発問36』東洋館出版社
野地潤家（一九九〇）「「板書」以前・以後ということ」『教育科学国語教育』４３３号　明治図書出版
野地潤家（一九九六）「板書機能の活用とアイデアの源泉」『実践国語研究』１５５号　明治図書出版
花田修一（二〇〇六）「目的的に板書の機能を生かそう―思考の発想・過程・定義を図って―」『教育科学国語教育』６７３号　明治図書出版
樋口綾香編著（二〇一八）『3年目教師勝負の国語授業づくり楽しさと深い学びを生み出す！スキル＆テクニック』明治図書出版
前原隆志（二〇一六）「板書型指導案に関する一考察」『山口大学教育学部附属教育実践総合センター研究紀要』42号
町田守弘（二〇〇六）「学習者とともに創る板書を」『教育科学国語教育』６７３号　明治図書出版
吉田裕久（一九九二）「深い理解（なるほど）と発見（そうなのか）を促す板書―簡潔で示唆的な板書―」『実践国語研究』１１８号　明治図書出版
吉永幸司（二〇一〇）「考える力を育てる見やすく分かりやすい板書」『教育科学国語教育』７２６号　明治図書出版
吉永幸司監修（二〇二〇）『京女式深い学びをめざす国語の板書指導５年6年』小学館
若林富男編著（二〇一一）『授業の流れがよくわかる！国語科板書の実物モデル40』明治図書出版
拙稿（二〇一六）「思考過程が見える板書＆ノート作り」『教育科学国語教育』７９８号　明治図書出版
拙稿（二〇一八）「『比較』『具体⇕抽象』『未知との既知をつなぐゆさぶり』で授業を創る！」『教育科学国語教育』８２４号　明治図書出版
拙稿（二〇一九）「子供の思考を可視化する板書の創り方」『教育科学国語教育』８３３号　明治図書出版
拙稿（二〇二〇）「小学校国語科における板書の在り方に関する一考察―国語科学習指導書の分析を通して―」『国語教育探究』33号　国語教育探究の会
拙著（二〇二〇）『「立体型板書」の国語授業　10のバリエーション』東洋館出版社

著者紹介

(2021年2月現在)

沼田拓弥

(ぬまた・たくや)

1986年生まれ。東京都世田谷区立玉川小学校教諭。創価大学大学院教職研究科教職専攻修了。八王子市立七国小学校勤務を経て現職。全国国語授業研究会理事。東京・国語教育探究の会事務局長。国語教育創の会事務局。

著書に『物語の「脇役」から迫る　全員が考えたくなる　しかける発問36』(分担執筆)、『「めあて」と「まとめ」の授業が変わる「Which 型課題」の国語授業』(分担執筆)、『「立体型板書」の国語授業　10のバリエーション』(いずれも東洋館出版社)がある。

最新の研究・実践はTwitterアカウント(@numataku2525)にて発信中。

「立体型板書」でつくる国語の授業 文学

2021(令和3)年3月16日　初版第1刷発行

著　者　沼田拓弥

発行者　錦織圭之介

発行所　株式会社東洋館出版社

〒113-0021　東京都文京区本駒込5丁目16番7号

営業部　電話03-3823-9206　FAX03-3823-9208

編集部　電話03-3823-9207　FAX03-3823-9209

振替　00180-7-96823

URL　http://www.toyokan.co.jp

[装幀・本文デザイン] 中濱健治

[印刷・製本] 藤原印刷株式会社

ISBN978-4-491-04357-9　　Printed in Japan